나는 나의 스무 살을 가장 존중한다

나는
나의 스무 살을
가장 존중한다

이하영 지음

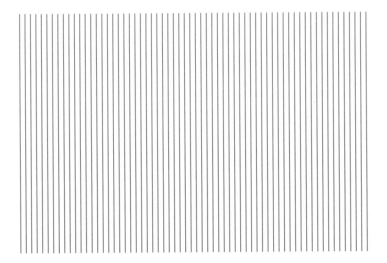

TORNADO
토네이도

나는 매일 아침 5시 50분에 눈을 뜬다.

시계의 앞자리가 6이 되기 전에

얼른 일어나는 이유는 5가 주는 설렘과

긴장감이 좋기 때문이다.

'하루 두 번 5시를 보면 인생이 달라진다'는

책의 한 구절을 떠올린다.

샤워를 하고, 옷장에 정리된 운동복을 꺼내 입는다.

서재에 앉아 책을 펼친다.

어젯밤에 읽다가 잠든 부분이 보인다.

그 옆에 빼곡히 적힌 나의 메모를 본다.

'아, 어제 이런 생각을 했구나.'

그리고 박스와 별 표시를 한 부분을 다시 정리한다.

작가의 생각을 나의 언어로 펼쳐낸다.

자연스럽게 그와의 대화가 시작된다.

그의 목소리가 들리고,

나의 목소리도 그에게 전달해 본다.

어느새 2시간이 훌쩍 지나 있다.

8시, 음악을 틀고 매트에 앉아 몸을 움직인다.

1시간의 필라테스가 끝나면

집 앞 서울숲에서 조깅을 한다.

날씨가 좋은 날에는 벤치에 앉아 명상도 한다.

숲속의 햇살과 따스한 공기, 바람의 흐름과

대지의 기운을 온몸으로 느껴 본다.

그 느낌을 호흡에 담아 내 속에 넣어둔다.

자연과 하나 됨, 세상과의 연결을 느끼며

눈을 뜬다.

벤치 아래로 작은 싹이 보인다.

이름도 모르는 새싹이 '나 여기 있어요'라고 하듯이

나를 바라보고 있다.

차디찬 겨울의 역경을 뚫고,

단단한 대지의 틈을 찾아

자신의 푸르름을 틔우고 있다.

푸른 봄, 청춘의 모습이다.

손 흔드는 새싹이 스무 살의 나를 닮았다.

고시원에서 공부하던 그에게 감사하며

하루를 즐겁게 시작해 본다.

오늘은 스무 살의 내가 그토록 원했던

하루이기 때문이다.

인생을 바꿔줄 최고의 우연

"그냥 편하게 하시면 돼요."

그 말이 시작이었다. 2023년 유튜브 채널 〈TV러셀〉에서 인터뷰를 했다. 처음에는 내가 사는 아파트를 찍고 싶다고 해서 수락했다. 인터뷰를 하면서 자연스럽게 '내가 살아온 이야기, 지금의 삶의 철학, 앞으로도 간직할 내 생각들'에 대해 이야기했다.

사실 이 영상에는 어머니와 함께 나오려고 했었다. 어머니가 살아계실 때 모습을 남겨두고 싶었다. 그래서 동영상을 찍어서 일상을 담아 두었고, 어머니가 적어 놓은 시들을 정리해 시집을 출간했다.

TV러셀도 그중 하나였다. 이곳에 우리 둘의 인생을 남겨 놓고 싶었다.

하지만 어머니는 촬영하지 못한 채 폐암 말기 판정을 받고 1년 이상의 투병 생활을 이어오다가 어버이날을 넘기시고 돌아가셨다. 나는 몇 달을 슬픔에 빠져 지냈다. 촬영에 대한 기억은 희미해졌다.

6개월 후 메일이 하나 도착했다. TV러셀 황서진 대표였다. 다시 한 번 촬영해보고 싶다고 했다. '혼자서 할 수 있을까? 혼자 촬영하는 게 무슨 의미가 있을까?' 망설여졌다. 그때 황 대표는 "그냥 편하게 하시면 돼요"라고 했다.

인생은 운이고, 삶은 우연이다. 그날 찍은 영상의 조회수는 100만을 넘었고, 1000개 이상의 댓글이 달렸다. 당시 영상에서 감명 깊게 읽었던 웨인 다이어(Wayne Walter Dyer)의 《우리는 모두 죽는다는 것을 기억하라》를 소개했는데 소위 말하는 역주행을 하면서 단번에 베스트셀러가 되었다.

그 책의 출판사는 나에게 고마움을 표시하며 출간을 제안했다. 며칠간의 고민 끝에 계약을 했고, 몇 달이 지난 지금 이 책은 세상에 나갈 준비를 하고 있다. 우연히 찍은 영상이 나의 운을 바꿔준 것이다.

중요한 것을 먼저 계획하라

아이러니다. 원고를 거의 마무리하고 프롤로그를 쓰고 있다. 책을 읽는 독자들은 프롤로그를 먼저 읽지만, 작가들은 프롤로그를 마지막에 쓰는 경우가 많다. 나도 마찬가지다. 중요한 챕터를 먼저 쓰고, 중요도가 떨어지는 부분은 나중에 쓴다.

인생도 마찬가지다. 중요도가 높은 순으로 시작한다. 아침에 일어나 나의 리추얼(ritual, 규칙적으로 행하는 습관)을 하고, 이불을 개고, 세안을 한다. 책을 읽고, 글을 쓰고, 필라테스를 하고, 출근해서 하루를 시작한다. 환자 진료를 보고, 중간에 마케팅 회의를 하고, 강의 준비도 한다. 당신의 일과도 비슷할 것이다. 겉으로 보이는 하루 일정은 비슷하다.

하지만 사실 나는 반대로 끝에서 시작한다. 마지막에 있는 '강의 준비'를 하기 위해 회의 시간을 조절한다. 그 회의를 위해 진료 스케줄을 정리하고, 그 시간에 맞춰서 출근한다. 또 아침 '필라테스'를 위해 독서 시간과 기상 시간을 조율한다.

오늘 나에게 가장 의미 있는 시간은 '강의 준비'와 '필라테스'이기 때문이다. 그 시간을 오전과 오후 일정의 최우선순위에 둔다. 그러면 나머지 일정이 정리된다. 끝에서 시작하는 방법이다. 내가 프롤로그를 지금 쓰는 이유도 마찬가지다.

끝에서 시작하면 여러 가지 장점이 있다.

먼저, 힘이 덜 든다.

긴장감이 줄어들기 때문이다. 강의 준비를 하기 위해서는 자료를 모으고, 슬라이드를 만들어야 하며, 논문을 뒤져야 한다. 아침부터 그 과정을 생각하면 머리가 아프다. 하루 종일 그 생각에 갇혀버린다. 다른 일을 할 때도 강의 준비에 스트레스가 쌓인다.

하지만 그 시간을 위해 미팅 일정을 조율하고, 진료 시간을 정리하면 강의 준비에 충분한 시간이 생긴다. 그 시간에 대한 보장이 정신적 긴장을 낮춰준다. 그러면 환자 진료와 마케팅 회의에 집중할 수 있다.

둘째, 항상 성과가 나온다.

끝에서 시작하면 그 끝에 해당하는 결과물이 반드시 나온다. 벼락치기와 데드라인의 법칙이다. 시험을 앞둔 시점에서 하는 2시간의 공부는 가장 몰입도가 높다. 강의 준비를 위해 남겨 놓은 2시간도 마찬가지다. 이 시간을 위해 하루를 정리했는데, 그 시간을 무의미하게 쓰기 싫은 것이다. 벼락치기 하듯 미친 듯이 준비하게 된다. 그리고 이 2시간만 지나면 오늘 일정이 끝나게 된다. 데드라인이 있기에 즐겁게 마무리할 수 있다.

그 이후에는 나를 위한 치킨과 맥주가 준비되어 있다. 그렇다면 충분히 재미있게 준비할 수 있다. 다하지 못하면? 내일 하면 된다. 내일도 같은 방식으로 준비하면 그만이다. 지금 이 프롤로그도 그렇게 쓰고 있다.

삶을 바꾸려면 3가지를 기억하라

성공을 꿈꾸고, 목표한 인생을 살고 싶은 사람들에게 나는 이렇게 말한다.

"3가지를 하면 돼요. 마음공부를 하고, 삶의 기본기를 다지고, 즐겁고 충실하게 살면 됩니다."

내가 생각하는 가장 중요한 부분이다.

부자가 되고 싶은가? 좋은 대인관계, 연인관계, 부모관계를 만들고 싶은가? 유능해지고, 유명해지고 싶은가? 그렇다면 이 3가지를 반드시 해야 한다.

나도 부자가 되고 싶었고, 좋은 인간관계를 가지고 싶었으며, 유능하고 유명해지고 싶었다. 나의 꿈은 조금씩 현실이 되어 가고 있다. 마찬가지로 당신도 곧 그런 미래가 다가올 것이다. 그 미래에서 시작하면 된다.

삶이 변하려면 먼저, 현실 회로가 바뀌어야 한다.

우리의 현실을 출력하는 현실 출력 회로는 무의식이다. 그 무의식에 있는 생각의 씨앗이 바뀌어야 한다. 그 씨앗인 관념과 열매인 현실이 하나임을 알아야 한다. 그래서 마음공부를 하는 것이다. 마음공부는 도인이 되려고 하는 게 아니라, 부자가 되려고 하는 것이다.

둘째, 삶의 기본기를 쌓아야 한다.

그 기본기가 독서, 운동, 명상이다. 뻔하고 진부한 이야기 같지만, 이 3가지를 매일 하는 사람은 거의 없다. 나는 매일 1시간 독서, 1시간 운동, 3분 명상을 하고 있다. 이것을 하는 사람과 하지 않는 사람은 앞으로는 절대 만날 수 없다. 10년이 지나면 너무나 멀어져 있기 때문이다.

마지막으로 즐겁게 살자.

굳이 열심히 살 필요 없다. '열심히'는 오늘을 위해 사는 것이 아니다. '열심히'는 내일을 위해 오늘을 희생하는 모습이다. 대신 '충실히' 살면 된다. 지금 이 순간을 충실히 보내면 그걸로 족하다. 더 나아가 '즐겁게' 살면 최고다.

즐겁게 사는 게 충실히 사는 것이고, 재밌게 살면 적어도 열심히 사는 사람보다 뭔가를 이루게 된다. 책을 열심히 읽으면 10분을 못 읽지만, 즐겁게 읽으면 30분이 금방 간다. 뭔가를 이루려면 의지가 있어야 하는데, 그 의지를 유지시키기 위해서는 즐거워야 한다. 그래서 의지보다는 유지고, 유지보다는 유희다. 이것이 핵심이다.

다이어트를 해보면 안다. 열심히 하는 다이어트는 무조건 실패한다. 먹는 즐거움이 있을 때, 다이어트는 성공하고 요요도 생기지 않는다.

이 책은 지금까지 말한 이 3가지에 대해서 꾸준히 이야기할 것이다. 물론 이 책을 읽고 모든 사람이 바뀌는 것은 아니다. 바뀌지 않는 사람들이 대부분이다. 삶의 습관은 그렇게 무서운 것이다. 하지만 우리 인생이 습관으로 이루어진다는 걸 아는 것, 그것이 변화의 시작이다. 그 습관을 바꾸면 인생이 원하는 방향으로 바뀐다.

돈 드는 것도 아니니 한번 시도해보자. 지금까지의 삶의 방식으로 커다란 성공을 거두지 못했거나, 행복한 인생을 살지 못했다면 오늘부터 한 번 바꿔보자. 앞서 말했듯 인생은 운이고, 삶은 우연이다. 이 책이 당신의 인생을 바꿔줄 최고의 우연이 될 수 있다.

그 시작이 마음이다. 마음속 현실 회로가 바뀌어야 현실이 변한다. 그 회로가 바뀔 때, 생각과 말과 행동이 바뀌고, 그것들이 바뀔 때 주변으로부터 이 말을 반드시 듣게 될 것이다.

"너, 뭔가 좀 변한 것 같아."

이게 시작이다. 그 운과 우연 속에서 즐거운 인생을 살아갈 때, 삶은 이미 변해 있을 것이다. 오늘부터 가볍고, 즐거운 마음으로 실천해보자. 이 책을 쓰게 된 첫마디처럼 그냥 편하게 하면 된다.

차
례

2장

20대에 알았으면
더 좋았을 것들

3장

매일 조금씩
나를 성장시키는 습관

4장

당신이 부의 시작을
알게 된다면

5장

그 시간들을 보내고 깨달은
인생의 비밀

1장

가난했지만
꿈을 잃지 않았던
이유

세상의 링에는 체급이 있다

　운동 경기에는 체급이 있다. 경량급 선수는 경량급 선수와 대결을 하고, 헤비급은 같은 급 선수와 경기한다. 남자와 여자의 구별이 있고, 주니어와 시니어의 대회도 따로 한다. 특히 복싱이나 유도, 레슬링처럼 두 사람이 대결하는 스포츠에서는 체급별로 경기를 진행한다. 아무리 잘하는 경량급 선수라 하더라도, 헤비급 선수와 대결하지 않는다. 번외 경기나 이벤트성으로 가끔 펼쳐진다. 대부분은 높은 체급의 선수가 승리한다. 두 체급을 석권한 선수가 언론에 주목받는 이유다.

　세상의 링에는 체급이 없다. 경량급과 헤비급의 싸움이 비일비

재하다. 대기업에 맞서는 중소기업이 있고, 그 중소기업에 반기를 드는 자영업자가 있다. 금수저와 흙수저가 공존하고, 부자와 대중이 함께 산다. 최고급 주상복합과 판자촌이 공존하고, 그들의 자식들이 같은 학교를 다니고 있다.

온라인 세상에서도 마찬가지다. 과거에는 절대로 볼 수도, 절대로 알 수 없었던 재벌 2세, 3세의 사진이 SNS에 떠다닌다. 그들을 추종하며 같은 시간, 같은 장소를 채우려는 대중도 넘쳐난다. 부러움과 질투, 일상과 이벤트가 혼돈을 이루며, 다양한 체급의 사람들이 세상에 부유하고 있다.

인생의 체는 미래를 거른다

스무 살에 나는 고시원에서 공부했다. 수능을 3개월 앞둔 시점이었다. 다니던 학교를 그만두고 재수를 결정했다. 당시 나는 돈이 없었다. 공부할 교과서와 학습서도 없었고 공부할 곳도 없었다. 잘 곳도 당연히 없었다. 집에 말하지 않고, 스스로 한 결정이었기 때문이다. 결국 고3 학생들을 과외를 해주며, 뒤에서는 같이 수능 공부를 했다. 그들과 똑같은 시험을 보았다는 사실은 지금까지 비밀이다.

그때 알게 되었다. 세상의 링에는 체급이 있다. 나는 재수를 하지만 나보다 여유 있는 경쟁자를 가르치고 있었다. 그들과 같이 공부했지만, 내 시간을 그들을 위해 쓰고 있었다. 내가 잘하는 수학보다는 다른 암기과목 공부를 하고 싶었지만, 그럴 시간은 없었다. 수학은 나에게 생존이었고, 자습서였고, 라면 한 그릇이었다. 그돈으로 나는 독서실을 다니고, 고시원에서 잠을 잘 수 있었으며 끼니를 해결할 수 있었다. 가난은 나에게 시간을 빼앗아 갔지만, 수학은 나에게 공간을 제공하고 있었다. 그 당시 나에게 유일한 체급은 수학이었다.

당신의 체급은 무엇인가? 어떤 체급의 챔피언인가? 아니 챔피언까지 아니더라도 가장 자신 있는 세상의 종목, 체급은 무엇일까? 눈을 감고 한번 생각해보자. 공부, 영업, 장사, 언변, 운동, 개그, 노래, 춤 등 다양한 분야가 있을 수 있다.

하지만 자신 있는 종목이 없는 경우가 대부분이다. 이것도 조금 하고, 저것도 조금 하니 도저히 떠오르지가 않는다. 어떤 체급에라도 속할 수 있을 것 같지만 사실은 무체급이다. 그래서 세상에 자신이 없다. 나를 드러낼 무대가 없는 것이다.

성공한 사람들도 처음에는 비슷했다. 그들도 무체급이었고, 어떤 체급에 속했다고 하더라도 가장 하수들이었다. 그런데 지금 그들의 삶은 달라졌다. 대중과 다른 부자들의 삶, 1% 성공한 사람들의 이야기에는 공통점이 있다. 바로 그들만의 이야기가 있다는 점이다. 그들은 자신만의 기준과 시선으로 세상을 바라본다. 그래서 남들과 똑같이 세상을 보고, 듣고, 평가하지 않는다. 그 차이가 바로 자신만의 가치관인 '체'다.

여기서 체는 가루를 곱게 치는 데 쓰는 도구처럼 세상을 거르는 필터 같은 역할을 한다. 똑같은 상황과 현상을 바라보아도 거기에 담는 의미와 가치가 다르다. 반 잔 남은 물에 시선을 두느냐, 컵에 시선을 두느냐에 따라 그 가치는 달라진다. '반밖에 없는 물과 반이나 채워진 잔'은 우리 삶의 관점 차이를 극명하게 보여준다. 그 차이는 10년, 20년이 지나면 만날 수 없는 간극이 된다. 그 간극의 시작이 바로 자신의 '체'다. 공사장의 체는 시멘트를 거르고, 주방의 체는 계란 껍데기를 거르지만, 인생의 체는 미래를 거르게 된다.

어린 시절 내가 수학을 잘한 이유는 하나였다. 나는 수학 과외를 받은 적이 없다. 그럴 돈도 없었고, 그럴 생각도 못했다. 하지만 수학 성적은 늘 좋았다. 문제를 바라보는 관점이 달랐기 때문이다.

내가 잘하는 방식과 못하는 방식이 무엇인지 알고 있었다. 늘 똑같은 방식으로 접근해서 문제를 풀면 어느 순간 막혔는데, 그러면 내가 약한 방식으로 다시 바라보았다. 접근방식을 다르게 하고 문제를 보면, 어느새 새로운 돌파구가 보이고, 답이 도출되었다.

그렇게 문제를 해결했다. 정답을 찾은 뒤에는 내가 무엇을 알고, 무엇을 모르는지에 대한 평가도 이어졌다.

수학은 문제를 푸는 과정이 아니다. 그 문제를 푸는 나를 푸는 과정이 수학이다. 내가 무엇을 알고, 무엇을 모르는지 알아가는 과정이 수학 공부다.

요즘 유행하는 메타인지 학습을 나는 30년 전 스스로 하고 있었다. '교과서'를 보는 게 아닌, '교과서를 보는 나'를 보는 시선을 만드는 것, 그것이 성적을 높여주었다. 그 시선이 성적을 높이는 메타인지의 시작이었다. 그리고 그렇게 높아진 메타인지는 졸업 후 내 인생의 가장 큰 무기가 되었다. 나의 '체'급을 높여주기 때문이다.

시선이 높아질 때 위치가 높아진다

강연을 마치고 나면, 자주 듣는 질문이 있다.

"제가 잘하는 일을 해야 할지, 좋아하는 일을 해야 하는지 아직 모르겠어요."

직업을 선택할 때 무엇을 기준으로 삼아야 할지 고민하는 것이다.

답은 하나다. 돈 되는 걸 해야 한다. 그리고 그 돈 되는 것이 내가 잘하는 것인지 살펴봐야 한다. 내가 무엇을 잘하고, 무엇을 못하는지 나의 체를 통해 평가해야 한다. 그 체를 통해 일하는 나의 모습도 평가할 수 있다. 내가 어떻게 일하고 있고, 어떤 시간을 보내는지 바라볼 수 있다.

내가 주변 사람들과 어떤 관계를 맺고 있으며, 어떻게 말하고 어떤 표정과 몸짓으로 소통하는지도 볼 수 있다. 어떻게 돈을 벌고, 어떻게 돈을 쓰는지도 바라볼 수 있다. 그 시선이 바로 자신의 체다. 그 체로 얼마나 넓게 볼 수 있는지, 얼마나 멀리 볼 수 있는지에 따라 인생은 달라진다.

대중의 체는 세상을 본다. 눈으로 내 앞의 상황을 본다.

하지만 부자의 체는 나를 바라본다. 세상을 대하는 나를 바라본다.

이를 통해 상황을 대하고, 생각하고 느끼는 모습을 위에서 바라볼 수 있다. 그 체의 높이가 세상의 링인 것이다. 조그만 링에서 하는 아마추어 경기냐, 라스베이거스의 화려한 프로 경기냐의 차이는 이 체에서 시작된다.

그 시선이 높아질 때, 당신의 위치가 높아질 것이다. 그리고 그 위치가 높아질 때 '세상에는 돈 되는 것들이 이렇게 많구나!'라고 느껴질 것이다. 나도 그랬다. 나는 인생 밑바닥부터 시작했다. 밑바닥, 아니 지하 단칸방부터 올라온 나의 시선 이야기에 대해 말하고자 한다. 나의 체급이 올랐듯이 당신의 체급도 올라오길 바란다. 그 시선을 즐겼으면 좋겠다. 시작해보자.

현실을 바꾸는 가장 강력한 힘

몇 년 전 개봉한 〈양자물리학〉이라는 영화가 있다. '생각이 현실을 만든다'는 믿음으로 살아가는 화류계 인물 이찬우의 이야기다. 감독은 부패 권력과 싸우는 그의 말과 행동에 스며 있는 인생철학이 양자물리학이라고 주장한다.

하지만 영화 속 그의 생각은 현실을 만들지 못했다. 현실은 그의 예상과 전혀 다르게 전개된다. 영화 속 대사와 달리 주인공은 늘 원치 않는 상황에 끌려다녔다. 한마디로 개고생을 하고 죽기 직전까지 내몰린다. 그 극적인 상황이 시선을 사로잡는다. 물론 결말은 해피엔딩이다. 영화는 영화이기 때문이다. 하지만 우리는 주인공의 생각이 영화적 결말을 만들었다고 생각하지 않는다. 그렇게 보였을 뿐이다. 과연 생각이 현실을 만들 수 있을까?

'생각이 현실을 만든다'라는 말을 어떻게 생각하는가? 과연 생각이 현실을 만들 수 있을까? 반은 맞고 반은 틀렸다. 먼저 맞는 것을 알아보면, 생각이 현실을 만들 수는 있다. '이 책을 읽겠다'는 생각이 지금 이 순간을 만들었을 것이다. 또 책을 읽으면서 저녁 메뉴를 고민하다가 '김치찌개'를 먹겠다는 생각을 했다면 아마 저녁으로 김치찌개를 먹을 것이다.

생각은 말과 행동을 이끈다. 어떤 생각이 만들어지면 그 생각에 반응하여 말을 하고, 말에 어울리는 행동을 한다. 물론 말과 행동이 다를 수 있지만, 한 가지 분명한 것은 그 생각에 부합되는 미래를 향해 현실이 펼쳐진다는 사실이다. 생각은 나도 모르게 나의 현실을 만들고 있다.

과거를 돌아보면 인생은 생각의 산물이었다. 생각을 통해서 결과를 얻었고, 그것이 성공이든 실패든 고스란히 삶의 흔적으로 남아 있다. 학창 시절에 했던 생각이 나를 공부하게 했고, 내가 원했던 학교와 학과도 내 생각이 만든 결과물이다. 졸업하고 서울로 가야겠다는 생각이 나를 삼성서울병원으로 이끌었고, 맨땅에 헤딩하는 심정으로 개업하자는 생각에 10억의 빚을 지고 개원을 했다. 그리고 이 글을 쓰기 전 집필에 대한 생각이 있었다.

단순한 점심 메뉴부터 인생의 큰 결정까지 선택한 모든 것은 생각이 만들어낸 삶의 궤적이었다. 생각이 만들어 낸 나의 스토리가 어느새 나의 히스토리가 되는 것이다.

그런데 한 가지 궁금한 점이 있다. 과연 이 생각은 내가 만드는 것일까? 이게 무슨 뚱딴지같은 소리인가 싶지만, 확신에 차서 대답하기는 어려울 것이다. 내가 내 생각의 주인이라는 확신이 없어서다. 나 스스로 생각 공장을 돌리고 있다는 믿음이 없어서다. 내 생각이고, 내 머릿속에 나타난 생각인데, 그 생각을 내가 만들었다는 확신이 없다.

생각은 내가 만드는 게 아니고, 그냥 떠오르는 것이기 때문이다. 그 떠오른 생각을 우리는 자신의 생각으로 자연스럽게 받아들일 뿐이다. 생각은 누군가에 의해 떠오르고 있다. 지금 이 순간도 자연스럽게.

무의식이 현실을 만든다

내가 생각을 만드는 것이라면 하고 싶은 생각만 하지 않을까? 좋아하는 것만 생각하고, 싫은 생각은 하지 않을 것이다. 생각의 '온오프'를 마음대로 조절할 것이다.

하지만 현실은 그렇지 않다. 하기 싫은 생각이 계속 떠오르고, 그 생각을 멈추게 할 수도 없다. 그 생각으로 하루 종일 고민에 빠져 있을 때도 있다. 맴도는 생각에 일상을 이어갈 수도 없을 때도 있고, 문득 떠오른 생각에 업무 집중도 되지 않는다. 내가 생각의 주인이라면 원하는 생각만 하고, 원치 않는 생각은 만들지 않을 것이다. 하지만 그럴 수 없다. 내 생각을 컨트롤할 수 없는 것이다.

'지금부터 코끼리를 생각하지 마라'라는 이 한마디에 여러분은 코끼리를 떠올리게 된다. '생각하지 말아야지'라는 생각에도 불구하고 어느새 마음 구석에는 코끼리의 코가 스멀스멀 올라온다.

그렇다면 누가 이 생각을 만들고, 우리에게 이 생각을 떠올리게 하는가? 생각을 만들고 떠올리게 하는 존재는 바로 '무의식'이다. 의식 가장 밑바탕에 자리 잡고 있는 무의식이 생각을 만들고 있다. 그 무의식에 박혀 있는 이미지가 생각으로 떠오르는 것이다. 무의식에 각인된 생각의 씨앗, 바로 '관념'이다. 이 관념이 생각으로 나타나고 있다.

무의식에 각인된 '나는 김치찌개를 먹는 사람이다'라는 생각의 씨앗, 그 무의식이 '나 오늘 저녁에 김치찌개 먹을래'라는 생각을 불러일으킨다. 매우 자연스럽게 스르륵 일어나는 반응이라 우리의 의식(표면의식)은 전혀 눈치를 채지 못한다. 하지만 내 생각은 이미 김치찌개로 물들어 있다. 앞서 말한 코끼리의 코처럼 나의 무의식이 생각으로 표현되는 것이다.

'무의식이 만든 생각'이 현실을 만들지만, '내 생각'이 현실을 만들지는 못한다. 나는 생각의 주인이 아니기 때문이다. 내가 아무리 '부자가 되어야지'라는 다짐을 해도 가난한 현실이 펼쳐지는 이유다. 무의식이 '나는 부자가 아니다'라는 생각으로 각인되었기 때문이다. 그래서 늘 궁핍한 현실이 드러난다. 무의식이 현실을 만들기 때문이다.

부와 행복을 각인시켜라

일체유심조(一切唯心造)

'세상의 모든 것은 마음이 지어낸다'는 의미로 불교 경전 《화엄경》에서 나온 말이다. 여기서 마음은 우리 무의식에 해당한다. 마음속 깊은 곳에는 무의식이 존재한다. 그리고 그 무의식 공간을 채우는 것이 생각의 씨앗인 관념이다. 이 관념이 바뀌어야 내가 사는 세상이 변하게 된다.

씨앗은 자라 현실이 된다. 관념인 씨앗과 현실인 열매는 연결되어 있다. 따라서 현실을 바꾸는 가장 강력한 힘은 바로 이 무의식의 씨앗에 있다. 콩 심은 데 콩 나고, 팥 심은 데 팥이 나기 때문이다. 부의 마음이 심어져 있으면 부자 세상으로, 가난한 씨앗이 담겨 있으면 가난하게 사는 것이다.

결국 세상은 MRI다. 당신은 당신의 마음과 마음속 무의식이 펼쳐낸 세상을 경험하고 있다. 그리고 그 씨앗을 현실에 틔우는 힘 역시 자신에게 있다. 그 과정이 물리 시간에 배운 공명작용이다.

무의식의 의도와 당신의 의도가 일치할 때, 무의식은 공명이 되어 현실에 드러난다. 그래서 세상은 MRI(Mind Resonance Image)인 것이다. 마음이 나를 통해 세상 이미지로 드러나고 있다. 그게 우리 세상이다.

현실을 바꾸고 싶은가? 정답은 바로 여기에 있다. 내면을 바꿔라. 무의식에 있는 자신의 이미지를 바꿔라. 그러면 그 이미지가 곧 나타날 것이다. 나를 결핍된 존재가 아닌 충만한 사람으로 각인하자. 그 이미지가 머지않아 미래 모습으로 나타나게 된다.

가난한 현실 속에 머물러 있다면 그 이유는 하나다. 무의식이 가난으로 채색되었기 때문이다. 그 색깔을 바꾸는 작업이 우선이다. 그 무의식의 밭을 풍요의 씨앗으로 채워라. 무의식을 부와 행복으로 각인하라. 그것이 삶이 변하는 첫걸음이자 전부다. TV 프로듀서였던 론다 번(Rhonda Byrn)이 세계적인 베스트셀러 《시크릿》에서 이야기한 삶의 비밀이자 마법이기도 하다.

믿기지 않는가? 경험해보면 알게 될 것이다. 내가 그렇게 살아왔고, 그 증거다. 그리고 당신도 그 증거가 될 것이다.

수술복을 입으면 수술하게 된다

나는 스무 살에 잘 다니던 포항공대를 그만두고 재수생이 되었다. 1학기 기말고사를 앞둔 어느 날 의사가 되고 싶다는 생각이 들었다. 연극반 동아리의 정신과 의사역도 영향을 준 것 같았다. 3개월을 의사처럼 생각하고, 말과 행동을 하다 보니 연극이 끝나도 그 느낌이 나를 감싸고 있었다. 1학기를 마치고 학교를 그만두고 재수를 시작했다.

걱정하실 게 뻔했기 때문에 어머니께는 말씀드리지 않았다. 어머니는 내가 대학에 입학했을 때 학비도 거의 들지 않고, 기숙사비도 저렴한 학교에 들어가 무척 대견해 하셨다. 당시 공과대학은 '포카서'였다. 포항공대, 카이스트, 서울대 순으로 대학순위가 매겨졌다. 그곳에 입학한 나는 어머니에게 큰 자랑거리였고, 나 역시 학창 시절을 선물로 드린 것 같았다. 어린 시절의 큰 숙제를 끝낸 기분이었다. 그 이후로는 내 인생을 살고 싶었다.

처음으로 나 스스로 인생의 방향을 틀었다. 그리고 혼자 선택한 길은 내가 책임지고 나가고 싶었다. 지금 생각하면 그때의 내가 참 대단하다. 수중에는 몇 천 원밖에 없었다. 막막했다. 재수를 결심했지만 돈이 없었고, 책도 없었다. 잘 곳도 마땅치 않았다.

돈도 벌어야 하고, 책과 참고서도 사야 했으며, 당장 고시원도 구해야 했다. 고등학교 때 3년간 다닌 독서실이 보였다. 그곳과 최대한 가까운 곳에 고시원을 얻었다. 월 18만 원에 밥까지 주는 고마운 고시원이었다.

다음 날 눈에 보이는 전봇대마다 과외 전단지를 붙였다. 당시는 지금처럼 단속이 심하지 않았다. 전봇대마다 빼곡히 '과외 구함'이라는 전단지가 붙어 있었다. 그 사이를 비집고 나의 삐삐 번호를 붙였다. 그리고 나는 국제시장으로 향했다.

당시 국제시장은 없는 게 없는 곳이었다. 대한민국에서 못 구하는 게 없을 정도로 다양한 물건들이 있었다. 나는 그곳에서 수술복을 두 벌 샀다. 위아래로 헐렁하게 입을 수 있는 색이 바랜 청록색의 수술복이었다.

그리고 그 옆집에 가서 '의사 이하영'을 주머니에 새겨 넣었다. 그 옷을 입고 재수를 했다. 나는 추리닝을 입지 않았다. '재수' 하면 떠오르는 그 옷 대신 나는 수술복을 입고 책상에 앉았다. 3년의 학창 시절을 보낸 독서실 자리에서 수술복을 입고 재수를 시작했다.

그때의 내가 종종 떠오른다. 고시원에서 4시 50분에 일어나 책을 펴고 공부했다. 아침밥이 나오는 7시가 되면 조그만 휴게실에 앉아 김치와 계란프라이, 밥을 비벼 먹었다. 그리고 독서실에 앉아 12시간을 공부했다. 점심 먹을 돈은 없었다. 저녁 8시가 되면 과외를 하러 갔다. 고3 학생을 가르치며 나도 공부했다. 재수한다는 말은 도저히 하지 못했다. 학생들을 과외하며 같은 수능을 준비했다.

당시 독서실에서 수술복을 입고 공부하고 있으면 비슷한 또래의 재수, 삼수생들이 말을 걸었다.

"의사세요?", "어느 병원에 계세요?", "전문의 시험 준비하세요?"

한국 사람들은 주변 사람들에게 관심이 많다. 그때마다 나는 답했다.

"네, 맞아요. 대학병원에 있어요."

그러고는 《수학의 정석》을 펼쳤다. 나는 확신이 있었다. 내 삶에 대한 믿음, 10년 뒤 펼쳐질 의사 모습이 나에게 비치고 있었다. 그 모습을 가슴에 품고 공부했다. 매일 상상하며 지내다 보니, 마치 그 모습이 어제 일처럼 느껴지기도 했다. 미래의 '상상'이 나의

'기억'으로 변하고 있었다.

미래를 기억하는 힘

"미래를 알 수 있는 앎이 있으면, 내가 원하는 모든 것을 이룰 수 있어요."

내가 한 유튜브 인터뷰에서 했던 말이다. 미래를 알 수 있으면 원하는 것을 진심으로 이룰 수 있다. 어떻게 생각하면 당연한 말이다. 하지만 그렇게 행동하는 사람은 잘 없다. 그래서 성공하는 사람은 소수인 것이다.

미래를 안다는 것이 무슨 의미일까? 그 앎은 어디서 오는 것일까? 바로 기억이다. 무엇인가를 안다는 것은 그것에 대한 기억이 있다는 의미다. 오늘 점심에 어떤 메뉴를 먹었는지 아는 것은 그시간에 대한 기억이 있기 때문이다. 앎은 기억을 전제로 한다. 그래서 우리는 과거를 잘 알고 있다. 과거는 기억을 통해 인식되는 내면의 이미지기 때문이다.

미래는 무엇일까? 미래는 상상을 통해 인식하는 마음속 이미지다. 상상이라는 도구를 통해 우리는 미래의 이미지를 펼쳐낸다. 내가 꿈꾸었던 삼성서울병원의 인턴, 레지던트 모습이 상상이다. 하지만 상상이 일상이 될 때, 상상은 기억으로 넘어간다. 그러면 그 상상은 앎이 되고, 나에게 항상 느껴졌던 의사의 느낌은 나의 생각과 말과 행동을 바꾼다.

그것이 변화의 시작이다. 스스로 의사라 생각하는 일상은 말의 습관과 행동의 습관을 바꾸게 한다. 말과 행동이 바뀌면 그것을 만드는 생각도 바뀌게 된다. 습관화된 생각은 관성을 지니게 되고, 늘 비슷한 생각으로 이어진다. 그 결과 '나도 모르게', '무의식적으로' 행동하고 말하게 된다.

내면에 새겨지는 '나도 모르게' 하는 생각이 무의식에 각인된다. 무의식에 박힌 관념의 씨앗, 그 씨앗이 바뀔 때 미래가 바뀌게 된다. 미래를 알 수 있는 앎은 바로 무의식 공간에서 이루어지기 때문이다.

분석심리학의 대가 칼 융(Carl Gustav Jung)은 '무의식을 의식화하지 않으면 무의식이 삶의 방향을 결정하고, 우리는 이것을 운명이라 부른다'라고 했다. 결국 운명은 무의식이 결정한다. 더 구체적으로는 무의식에 각인된 관성화된 생각, 관념이 운명을 결정한다. 내면에 단단히 박혀 있는 그 관념이 미래의 모습인 것이다. 그래서 우리는 그것을 고정관념이라 부른다. 관념이 고정될 정도로 강력하게 박히면 그 운명에서 벗어날 수 없다.

가난이 관념으로 박혀 있으면 늘 가난하게 산다. 가난의 대물림은 관념의 대물림에서 비롯된다. 가난한 일상이 자식들의 말과 행동에 영향을 주고, 그 말과 행동이 생각의 습관을 만들기 때문이다. 습관이 된 생각, 관념은 또다시 가난의 조건과 환경을 펼쳐낸다. 그 가난은 사실 자신이 만들고 있다. 내면에 '나는 가난한 사람이다'라는 관념이 씨앗처럼 뿌려져 있기 때문이다. 미래를 알 수 있는 앎이 가난으로 물들어 있다.

어떤 일상을 살고 있는가? 내가 원하는 미래를 위해 일상에 어떤 변화를 주고 있는가? 사소한 말투, 일상적 행동 하나가 미래를 이끌고 있다. 그 말과 행위가 습관이 되고 관성을 지닐 때, 그 관념이 이끄는 삶을 살게 된다. 그래서 '앎'이 '삶'인 것이다. 나의 앎이 습관이 되고, 그 습관이 모여 삶이 된다.

수술복을 입고 재수를 했던 그 일상이 의사가 된 미래를 당겨주었다. 미래를 기억하는 힘은 여기에서 시작되었다. 상상이 기억으로 넘어갈 때, 우리는 우리가 원하는 모든 것을 이룰 수 있다. 미래에 대한 앎이 생기기 때문이다.

십여 년 전, 서울숲에 지어진 갤러리아 포레라는 아파트를 보았다. 서울숲 한가운데 우뚝 선 멋진 주상복합 아파트였다. 나는 그때 마음속 깊이 사진을 찍어 두었다.

당시 강남에 개원했었다. 그 누구의 도움도 없이 10억 원의 빚으로 시작했다. 나이 35살에 나의 자산은 빚 10억이었다. 주머니에 손을 넣어 보니, 카드 한 장과 몇 만 원의 돈이 전부였다. 스무살의 내가 생각났다. 손에 쥔 천 원 지폐 몇 장이 전부였던 그때가 떠올랐다. 그리고 감사했다. 열심히 살아준 스무 살의 나에게 감사하며 웃으며 돌아왔다.

그 후 종종 서울숲에 들러 산책도 하고 조깅도 했다. 갤러리아 포레에 사는 친구들과 선배들을 만나 그곳의 생활도 들었다. 아파트 지하에 있는 중식당에 들러 식사를 하며 그곳에 살아가는 삶을 상상하고 기억했다. 그 삶이 일상이 될 것 같았다. 그 삶이 나의 무의식으로 넘어가고 있었다. 그러면 알게 된다.

'나는 이곳 서울숲에서 살게 되겠구나.'

일상이 된 생각은 미래를 바꿀 수 있다. 이것은 막연한 망상이 아니다. 기억이 된 상상의 힘이다. 그것이 앎에 대한 깨달음이다. 그리고 세상의 진리다. 반드시 기억하길 바란다.

'미래를 기억할 때 그 미래가 나에게 펼쳐진다.'

인생은 이렇게 만들어 가는 것이다. 수술복을 입으면 수술하게 되는 것이다.

04

헌팅하는 사람이 성공한다

'까데기'라는 말의 의미를 아는가? 나는 20대를 부산에서 보냈다. 포항에서 20대를 보낼 뻔하다가, 어머니가 계신 부산에서 27살까지 지냈다. 우리 집은 황령산 끝에 있는 작은 빌라였다. 사실 우리 집은 아니었고 외할아버지 집이었다. 빌라 한 편의 작은 방에 기생하듯 어머니와 나는 얹혀살았다.

집에서 10분 정도 내려오면 광안리 바닷가를 볼 수 있었다. 탁 트인 해변이 주는 편안함은 좁은 방에서 느낄 수 없던 광활함이었다. 그래서 나와 동네 친구들은 바닷가에 자주 나갔다. 그곳에서 그 친구들과 함께 고등학교, 대학교 시절을 보냈다.

그중 내가 사는 빌라 아랫집에 살았던 동생 석용이는 까데기를 참 잘했다. '까데기'는 '헌팅'을 의미하는 부산 은어다. 요즘에도 부산에서 쓰는지 모르겠지만, 나와 비슷한 시기를 보낸 부산 남자들은 거의 알고 있다. 까데기는 '가시나 데리고 오기'의 준말 '가데기'를 부산 특유의 된소리로 발음한 용어다.

우리는 광안리 백사장에 앉아 새우깡에 캔맥주를 먹곤 했는데, 이런저런 잡다한 얘기로 이야기의 꽃을 피울 때쯤 석용이는 "햄아, 내 댕겨 올게" 하고 사라지고는 근처에 있는 또래의 여성들에게 다가가 아무런 거리낌 없이 말을 던졌다.

"저기요. 네 분이서 오셨어요? 저희도 네 명인데."

그는 늘 똑같은 멘트에 늘 똑같은 표정이었다.

평소 석용이는 눈이 작아서 웃는 건지 말하는 건지 구별이 잘 안 되었는데, 그 모습이 매력인지 종종 헌팅에 성공했다. 그 모습이 신기해서 어느 날은 석용이에게 물었다.

"석용아, 안 부끄럽나?"

"햄아, 뭐가 부끄럽노. 그냥 하면 되지."

"아니, 솔직히 자주 까이잖아. 맨날 실패하면서 또 그렇게 우찌 하노?"

그때 석용이가 씩 웃으며 말했다.

"햄아, 자주 까여야 되는 기다. 당연히 실패할 줄 안다. 그래도

간다. 그러다 보면 된다."

당신은 헌팅을 해본 적 있는가? 나는 스무 살 때도 헌팅을 못했다. 그러다 그의 말을 듣고 용기를 내서 시도해보았다. 여러 번 실패 후, 헌팅에 성공하면 그렇게 기분이 좋았다.

실패의 당연함을 알고 나서는 두려움이 없어졌다. 그러면 또 하게 된다. 여러 번의 실패는 성공 노하우로 쌓였고, 어쩌다 성공으로 이어지면 그전 실패의 기억은 사라졌다. 당연한 실패의 경험, 그 경험이 행동하게 했다. 그리고 실패의 당연함이 쌓여갈 때, 성공의 당연함도 생기기 시작했다. 많이 실패한 만큼 성공도 쌓였기 때문이다. 실패가 당연하면 성공도 당연한 것이다. 그리고 그 반대도 성립했다. 성공이 당연하면 실패도 당연한 것이다.

당연한 실패를 경험하라

얼마 전 친구들과 골프를 칠 때의 일이다. 250야드 앞에 그린이 있고, 나는 그 뒤에 서 있었다. 3번 우드로는 220야드만 보낼 수 있기 때문에 그 채로는 당연히 그린에 공을 올리지 못한다. 하지만 나는 캐디에게 말했다.

"3번 우드 주세요."

"회원님, 군이 3번으로 치실 필요 있을까요? 안전하게 나눠서 가시죠. 앞에 벙커도 있는데 말이죠."

나는 3번으로 공을 쳤다. 그리고 보기 좋게 그린 앞 모래사장(벙커)에 툭 떨어졌다.

"우리 이거 먹어 볼까?"

"아니, 형님 알지도 못하면서 이런 걸 왜 시킵니까? 후기 보니깐 이 집 시그니처 메뉴는 이거예요. 이게 우리 입맛에도 맞대요."

친한 후배와 방콕 여행 갔을 때 일이다. 나는 새로운 곳을 갈 때마다 항상 특이한 걸 하나씩 시킨다. 한국 사람들이 잘 시키지 않아 후기가 없는 음식을 주문한다. 그리고는 늘 똑같이 실패한다. 몇 개 먹지도 못하고 입맛에 맞지 않아 다른 메뉴로 교체한다.

당연한 실패의 경험이다. 250야드를 못 보내지만, 그냥 한번 해 보는 거다. 성공 확률이 희박하지만 실패가 당연하기에 두렵지 않다. 당연한 실패는 우리를 불안하게 만들지 않는다. 입맛에 안 맞는 현지 음식도 마찬가지다. 당연히 우리 입맛과는 동떨어져 있다. 하지만 한번 먹어 보면 다음번에는 안 시킬 수 있는 경험과 노하우가 쌓인다. 당연한 실패지만 실패의 두려움이 없기에 도전할 수 있다. 적어도 그때 변화와 움직임이 일어난다. 그 변화와 움직임이 바로 우리의 운이다.

당연한 실패의 경험은 생을 변화시키는 도전이다. 당연한 실패가 많아질수록, 당연한 성공이 많아지는 것이다. 앞서 말했듯 실패가 당연할 때, 성공도 당연하기 때문이다.

실패가 많아지면 성공도 많아진다. 세상은 늘 짝으로 존재하기 때문이다. 손등이 있는 이유는 손바닥 때문이고, 손바닥은 손등에 기대어 존재한다. 둘은 하나만 따로 있을 수 없다. 성공과 실패도 마찬가지다. 여행지에서의 음식이 실패할수록 스토리는 많아진다. 여행에서 돌아왔을 때 경험도 쌓인다. SNS에 올릴 사진은 줄지만, 친구들에게 전할 추억은 늘어난다. 그리고 그렇게 며칠간 실패하다가 한국 식당에 가서 삼겹살 한번 먹어 보면, 세상에 이렇게 맛있는 삼겹살이 있을까 싶을 정도다. 여행의 이유다. 여행의 실패를 통해 일상의 고마움과 행복을 느끼는 것이다.

당연한 실패는 도전을 어렵게 만들지 않는다. 그리고 그 실패는 내 삶의 자양분이 되고 있다. 성공의 방식으로 전환되기 때문이다. 그 과정에서 실패는 어느새 삶의 피드백이 된다. 당연한 실패, 그 실패를 많이 경험해보자. 당연한 실패 속에서 성장하다 보면, 어느새 삶이 성공 궤도에 안착해 있을 것이다.

사는 게 재미없고 우울할 때

나도 20대 초반에 매우 우울한 시간을 보냈다. 혼자 고시원에서 재수 생활을 했다. 점심 먹을 돈이 없어서, 저녁 과외를 할 때까지 굶었다. 간식으로 내어 주시는 샌드위치를 먹고 수업을 마쳤다. 과외를 마치고 나오면 식탁에는 불고기와 제철 나물들이 맛깔스럽게 차려져 있었다. 그 따스함과 맛난 향을 뒤로 한 채 고시원으로 돌아왔다.

'나는 지금 무얼 하고 있나?'

'과연 이 선택이 옳은가?'

내가 선택한 길이었지만, 다시 공부를 시작하게 되면서 삶의 의미를 잃어가고 있었다. 배는 고팠고, 돈은 없었으며, 들어갈 집도 없었다. 세상에 덩그러니 버려진 기분이었다.

의과대학에 입학해서는 누구보다 열심히 살았다. 장학금이 없으면 학교 생활이 불가능했다. 대학을 졸업하고 서울에 있는 삼성서울병원에서 인턴과 레지던트를 했다. 그 병원 연봉이 가장 높았기 때문이다. 전문의를 따고 울산에서 공중보건의사를 했고, 군 복무를 마치고 1년간 페이닥터를 했다.

그리고 개원을 했다. 당시 나에게 개원비용을 빌려줄 사람은 아무도 없었다. 1금융권, 2금융권, 3금융권만이 돈을 융통해 주었다. 35년간 그 누구보다 열심히 그리고 처절하게 살아온 나에게 10억이라는 빚이 생겼다. 내가 빌린 돈이었지만, 뭔가 잘못된 느낌이 들었다.

택시를 타고 마포대교 앞에서 내렸다. 기사님이 "총각, 혹시 나쁜 생각 하는 거 아니지?"라고 말씀하셨다. "아니에요"라는 대답과 함께 택시에서 내려 처음으로 마포대교를 걸었다. 다리 아래 한강을 내다보았다.

'망하면 여기 다시 오겠지. 미리 한번 볼까?'

7월의 마지막 날, 나의 생일을 4일 앞둔 밤이었다. 한여름 밤의 마포대교였지만 그 서늘함의 비수는 내 몸을 움츠리게 했다. 세상의 시험대에 홀로 서 있는 기분이었다.

누구나 살면서 위기의 순간이 온다. 시련과 역경을 겪지 않는 사람은 없다. '늘 행복하세요'라고 말하지만 늘 행복한 사람은 없다. 행복이 있으면 불행이 있고, 기쁨이 있으면 슬픔이 있다. 즐거움이 있으면 두려움이 있고, 성공이 있으면 실패도 있다. 너무나 뻔한 이야기다.

하지만 그 뻔함을 받아들이지 못하고 있다. 우리는 늘 즐겁고, 행복하고 싶다. 기쁨을 만끽한 채, 성공만을 추구하고 싶다. 하지만 그게 잘 안되는 게 문제다. 그렇다면 내가 그 문제의 답을 알려주겠다. 나는 이걸 깨닫는 데 28년이 걸렸다. 답은 이거다.

'사는 게 즐거워지면 삶의 모든 문제가 해결된다.'

너무 허무한가? 그런데 사실이다. 사는 게 즐거우면 기쁨도 즐겁고, 슬픔도 즐겁다. 성공도 즐겁고, 실패도 즐겁다. 즐거움도 즐겁고, 두려움도 즐겁다. 나의 희로애락과 생로병사는 모두 삶 안에 있다. 그런데 그 삶이 즐거우니, 모든 것이 즐거운 것이다.

즐거워지기 위해 살면 즐겁게 살지 못한다. 즐거움이 하나의 조건이 된다. 조건은 그것을 충족했을 때만 즐겁게 된다. 즐거움은 조건이 아니다. 즐거움은 본질이다. 즐거움이 삶의 기본값으로 세팅될 때, 우리는 삶의 모든 드라마를 즐길 수 있다. 당신의 삶을 즐겨보라. 그러면 모든 것이 해결된다.

오롯이 삶을 즐기는 2가지 방법

사는 게 즐거워지는 2가지 방법이 있다. 하나는 부처의 방식이고, 다른 하나는 내 방식이다. 인류 역사상 깨달음의 최고 경지에 오르신 분이 있다. 바로 고타마 싯다르타, 부처다. 그분이 하신 말씀이다.

"일체유위법 여몽환포영(一切有爲法 如夢幻泡影)."

세상 모든 만물은 환영이라는 의미다. 세상은 하나의 꿈과 같다고 말했다. 세상은 실체를 가진 것이 아닌, 환영과 같은 홀로그램이 펼쳐진 것이다.

비슷한 이야기를 한 또 다른 사람이 있다. 바로 테슬라 CEO 일론 머스크(Elon Musk)다.

"세상이 시뮬레이션이 아닐 확률은 10억분의 1이다."

세상이 진짜 현실일 가능성은 거의 없다는 이야기다. 이 세상은 실체가 없다고 역설하고 있다.

인류 역사상 깨달음의 최고 경지에 오른 사람과 세계에서 가장 많은 부를 이룬 사람이 같은 이야기를 하고 있다. 세상은 실체가 없으며 세상은 환영과 같은 것이다. 세상은 홀로그램의 한 장면이며, 인생은 그 홀로그램이 합쳐진 한 편의 영화다. 삶이라는 스크린에 펼쳐지고 있는 100년짜리 영화가 우리 인생이다.

나는 어릴 때 롤러코스터를 타지 않았다. 꼭대기에서 떨어질 때의 그 느낌을 견딜 수 없었다. 내 몸에서 장기 하나가 떨어져 나가는 기분이었다. 성인이 된 지금은 별생각 없이 탄다. 몇 번 타보니 그 느낌이 전해 주는 쾌감이 있다. 그 공포를 즐기게 되었다. 왜 그럴까? 롤러코스터가 롤러코스터임을 알기 때문이다. 이 사실을 알면 롤러코스터가 주는 공포를 즐길 수 있다.

인생도 마찬가지다. 인생이 한 편의 영화임을 알면, 영화가 주는 고통과 시련을 즐길 수 있다. 어차피 영화인데, 영화 속 장면에 불과한 공포를 걱정할 필요가 없다. 영화는 그런 위기 장면이 있어야 한다. 오히려 자주 등장해야 해야 재밌는 영화다. 죽을 뻔한 위기를 헤쳐 나와야 더 재미있고 흥미진진해진다.

우리 인생도 똑같다. 인생의 고통과 괴로운 장면이 있어야 행복하고 즐거운 결말을 맞이할 수 있다. 영화는 즐거움만 있는 게 아니다. 그런 영화는 성공할 수 없다. 쾌락과 즐거움만 있는 것은 영화가 아니다. 그건 포르노다. 인생은 포르노가 아니다. 인생은 포르노가 아닌 영화라는 사실을 꼭 기억하자.

인생이 영화임을 알면 그것이 주는 불안과 두려움을 즐길 수 있다. 우리가 슬픈 장면에서 눈물을 흘리는 이유는 하나다. 슬픈 감정을 느끼기 위해서다. 하지만 시간이 지나면 다시 좋은 일이 생기고, 반전도 생겨 감동하기도 한다. 인생이 지금 슬프고 힘든 장면에 있다면 영화를 보듯 현실을 바라보자. 어차피 인생은 한 편의 영화일 뿐이다. 우리는 영화를 보듯 인생을 즐기면 그만이다.

우리는 영화 속에서 힘들게 살아가는 주인공이 아니다. 느긋하게 팝콘을 먹으며 인생 영화를 즐기는 관객이다. 주인공인 영화가 아니라, 관객으로 보는 영화가 나의 인생이다. 이 진리를 깨달은 순간, 사는 게 즐겁고 자유로워질 것이다.

이 깨달음이 어렵고 미신적인 것 같다면 또 다른 방식이 있다. 내 방식이다. 그냥 오늘의 당연함에 감사하면 된다. 그러면 사는 게 즐거워진다. 눈앞에 있는 세상에 감사해보라. 눈이 안 보이는 사람에게 기적 같은 일이다. 귀에 들리는 바람에 감사해보라. 귀가 들리지 않는 그 누군가에게는 기적과도 같은 일이다. 누군가와 통화하고 카톡하고 문자 메시지를 보낼 수 있는 스마트 폰에 감사해보라. 너무나 당연한 일상이라 감사의 이유를 모를 것이다. 하지만 스무 살의 나에게는 상상할 수 없었던 당연함이다.

부모님과의 식사에 감사해라. 나는 어머니와의 한 끼 식사를 몇백 억을 내서라도 하고 싶은 마음이다. 나에게는 기적과도 같은 일이다. 오늘의 당연함은 누군가에게 기적 같은 일이고, 과거의 당신이 상상치 못했던 일상이다. 그리고 미래의 당신에게도 꿈과 같은 일이 될 것이다. 오늘은 70살의 내가 그토록 원하는 48살의 하루기 때문이다. 그 당연함에 감사해보라.

지금 주변을 둘러보자. 지금 당연하게 누리는 것들은 10년 전 꿈꿔왔던 것들이다. 당시에는 상상하지 못했던 것들을 당신이 소유하고 있을 것이다. 그 미래가 현실이 된 지금, 오늘의 당연함을 사랑하고 감사해보자. 그러면 사는 게 즐거워진다.

10년 뒤 지금 꾸는 꿈이 이루어진다면 어떤 기분이 들까? 하루하루가 행복하고, 하늘을 나는 기분이 들까? 절대 그렇지 않다. 과거에 그랬던 것처럼, 미래에도 그것은 당연해질 것이다. 그러니 지금의 당연함을 감사하고 즐겨라. 그 느낌이 미래를 느끼는 방법이다.

지금 여기에 감사하기

그 감사함이 일상이 되고 습관이 될 때, 삶은 즐거워지고 미래는 달라진다. 원하는 방향으로 미래가 흘러가고 있음을 알게 될 것이다. 미래를 생생하게 느끼고, 그 느낌을 기억할 때 미래는 이미 그렇게 존재하게 된다. 나는 지금까지 이렇게 살아왔고, 앞으로도 그렇게 살 것이다.

지금까지 잘 살아왔으면 어제와 똑같이 살면 된다. 하지만 어제와 다르게 살고 싶다면, 당연함에 감사하는 마음을 갖자. 사는 게 즐거워지고, 영화를 보듯 삶을 즐기게 된다. 그리고 어느새 람보르기니를 타는 부처가 되어 있을 것이다.

네가 너무 큰사람이라서 그래

내가 6살 때 어머니는 이혼했다. 술과 폭언에 시달리던 어머니는 나를 데리고 나와 작은 월세방에 살림을 차렸다. 내 기억 속 그 방은 창고 같은 느낌이었다. 벽지는 뜯겨 있었고, 시멘트가 그 사이로 보였다. 그 작은 구멍으로 개미들이 들락거렸다. 벽지에는 곰팡이가 들어찼고, 천장에서는 쥐 소리가 났다. 날파리와 바퀴벌레는 공생하는 사이였다. 집에는 늘 곰팡이와 시멘트가 섞인 쿰쿰한 냄새가 났다. 우리는 그곳에서 생명을 이어 갔다.

제일 불편한 건 자는 공간이었다. 좁은 방에 살림살이가 꾸려지다 보니 잠을 잘 공간이 부족했다. 어머니와 붙어서 새우잠을 잘 공간밖에 없었다. 그곳에서 잠을 자다 보니 아침에 기지개를 켤 수가 없었다. 마치 독방에 갇힌 죄인처럼 아침을 맞이했다.

시간이 지날수록 내 키는 점점 컸고 방은 더 좁아졌다. 이제 기지개는커녕 발가락이 장롱에 부딪히는 일이 많아졌다. 일어서다가 식탁 다리에 머리를 세게 부딪힌 날, 나는 어머니에게 성질을 냈다.

"엄마, 집이 너무 좁다. 좁아서 이제는 잠도 못 자겠다. 머리에 계속 혹도 나고, 발가락도 계속 찍히고 있다. 우리 집은 왜 이리 좁노, 나 이런 데서 못 살겠다."

아픈 머리를 부여잡고 엉엉 울면서 어머니한테 달려들었다. 어머니는 애써 눈물을 참고 웃으며 얘기하셨다.

"아들, 그건 말이야. 우리가 사는 이 집이 좁아서 그런 게 아니야. 네가 너무 큰사람이 되려고 그래."

요즘도 문득 그때가 떠오른다. 늘 나에게 힘을 주고 사랑을 주신 어머니의 말씀이었다. '큰사람'은 당시 나의 무의식에 각인된 가장 강력한 단어였다. 평생을 함께하는 내 무의식의 관념이었다.

'나는 큰사람이다.'

어린 시절 각인된 관념은 잘 바뀌지 않는다. 너무 단단히 박혀 자리에서 물러나지 않는다. 고정관념의 특징이다. 그 고정관념을 어머니는 위대한 문장으로 자리 잡게 했다. 무의식의 변화는 가난에 찌들었던 내 마음을 풍요롭게 채워주었다.

어린 시절, 식탁에는 라면과 물밥, 김치만 있었지만 그때도 나는 마음의 여유가 있었다. 지금은 이렇게 가난하지만, 나이가 들면 불고기와 꽃게탕을 먹는 인생이 펼쳐질 것이라는 것을 예감했다. 어머니는 내게 진실만 얘기하셨기 때문에, 내가 큰사람이라는 말도 진실처럼 받아들일 수 있었다.

두려움과 결핍감, 그것은 인간이 가진 근원적 감각이다. 우리의 무의식 깊은 곳에 자리하고 있는 원초적 느낌이 두려움이다. 그 두려움이 결핍감과 동반되어 현실에 나타난다.

'나는 결핍된 존재다'라는 관념은 소유욕, 관계욕, 명예욕, 권력욕에서 벗어나지 못하게 한다. 결핍되었기에 무언가를 가지려 하고, 외로움이라는 결핍감을 만들어 사회적 관계를 만든다. 그 관계 속에서 더 높은 자리에 오르려 하고, 관계를 통제하려고 한다. 그 모든 욕망은 내면에서 비롯한다. 부족한 마음이 욕망의 미래를 부르고 있다. 그 속에서 우리는 목적지를 잃고 열심히만 나아간다.

욕망의 추구는 지금 이곳을 희생하라고 강요한다. 내일을 위해 오늘을 희생하고, 미래를 위해 이곳을 누리지 못한다. 오늘을 살지 못하는 이유다. 미래의 두려움과 오늘의 결핍감이 늘 우리와 함께하고 있다. 내면이 결핍으로 가득하기 때문이다.

눈을 감고 마음을 살펴보자. 심연의 깊은 곳에 오돌오돌 떨고 있는 작은 아이가 보일 것이다. 그 아이가 당신의 무의식이고, 내면 아이다. 하지만 사실 당신은 그런 작은 존재가 아니다.

인생을 쓰고 수정하고 만들어라

자존감과 자존심, 이 두 단어의 사전적 정의는 비슷하다. 자존 감은 '스스로 품위를 지키고 자기를 존중하는 마음'이고, 자존심은 '남에게 굽히지 아니하고 자신의 품위를 스스로 지키는 마음'이다. 어감과 뉘앙스는 비슷하다. 자신의 품위를 지키는 과정이 자존감 과 자존심이다. 다만 여기에 결정적 차이가 있다.

자존감은 '스스로'가 지키는 마음이고, 자존심은 '남으로'부터 지 키는 마음이다. 자신이 지키는 자신의 존재감이 자존감이고, 타인 에게 비치는 자신의 존재감이 자존심이다. 그래서 자존감은 높은 것이고, 자존심은 센 것이 된다.

자존심이 강한 사람은 그 강함을 지키려 한다. 그 자존심이 자 신을 지켜줄 것 같다. 그래서 타인에게 벽을 치게 된다. 자존심에 깊이 빠진 사람이 타인의 기피 대상이 되는 이유다.

"저 사람 자존심이 세니까 조심해. 고집 있고, 본인 주장이 강해. 너 잘못하면 상처 입어. 가까이하지 마."

사람들은 그들을 멀리한다. 강하고 센 듯 보여도, 자존심에 상처받을 때 유리처럼 쉽게 부서지는 그들이다. 그리고 그 부서진 유리 조각에 상대가 상처를 받는다. 자존심은 유리 같은 것이다.

자존감은 다르다. 우리는 자존감을 어떻게 표현할까? "저 사람은 자존감이 세다", "저분은 자존감이 강해" 이런 말을 들어본 적 있는가? 뭔가 어색하고 이상하다. 자존감에 대한 표현이 잘 떠오르지 않는다. 그게 정답이다. 자존감은 스스로 만드는 것이기 때문이다. 내가 만드는 존재감, 내가 지키는 자신의 존엄이 자존감이다.

자존감은 남에게 보이기 위한 것이 아니라서 잘 드러나지 않는다. 그래서 자존감의 표현은 나에게서 흘러나온다.

"나는 자존감이 높아."

"어릴 때 나의 자존감은 낮았어. 그러다 내가 큰사람이라는 것을 깨닫게 되었지. 그 깨달음이 인생을 변화시켰어. 자존감을 아주 높여줬지."

자존감은 스스로 판단하는 자신의 존재 방식을 말한다. 나의 존재 방식은 작가의 삶이었다. 내 인생을 써가는 작가의 삶, 그 삶이 나의 자존감이었다.

어린 시절, 어머니의 가르침은 나에게 한 장의 추억으로 떠오른다. 그때 어머니의 눈빛과 말투, 손길이 기억난다. 촉촉한 눈에는 사랑이 가득했고, 말투에는 단호함이 있었다. 머리를 쓰다듬는 어머니의 손길은 따뜻했다. 그 장면을 영화 보듯 바라보고 있는 지금, 삶의 지혜가 나를 일깨우고 있다.

"하영아, 삶은 한 편의 인생 영화일 뿐이야. 그냥 영화를 보듯 삶을 바라봐."

앞서 우리는 이 영화를 보는 관객이라고 했다. 당신은 영화를 즐길 수도 있고, 시나리오 작가로서 영화를 만들어 갈 수도 있다. 당신의 자존감이 그 역할을 하도록 인도할 것이다.

착각하면 안 된다. 망상에 빠지는 순간 '영화 밖' 작가가 아닌, '영화 속' 등장인물이 된다. 영화 속의 주연, 조연, 단역, 엑스트라가 되어 버린다. 인생의 주인공이 되라는 말은 거짓말이다. 사실은 거짓이 아닌 무지다. 영화 속 주연이 되라는 속삭임은 자신이 어떤 존재인지 모를 때 나타난 어리석음이다.

영화 속 등장인물은 우리에게 보이는 존재다. 단칸방에 살던 6살의 하영이, 그와 함께 시간을 보내던 어릴 적 친구들, 그리고 나에게 큰 깨달음을 주셨던 우리 어머니, 그들은 모두 나에게 보이는 존재다. 영화 속 등장인물이다. 나는 그들을 바라보며 한 편의 영화를 보고 있다. 그리고 그 위치에서 인생 시나리오를 쓰고 있다.

세상을 볼 때가 아니라, 세상을 보고 있는 나를 바라볼 때, 인생을 수정할 수 있다.

아무리 멋진 영화 속 주인공이라도, 그들은 영화를 바꾸지 못한다. 리셋은 작가의 몫이다. 영화 〈미션 임파서블〉의 톰 크루즈는 목숨을 걸고 미션을 완수하지만, 그 미션을 만드는 것은 그가 아니다. 영화 밖 시나리오 작가다. 그게 당신이다. 그 차이를 알겠는가? 그 차이를 아는 것이 깨달음이고, 그것을 알아가는 게 마음공부다.

이 방법이 부자가 되는 가장 빠른 길이다. 이것을 깨달을 때 경제적으로 풍요롭고, 내면으로도 충만한 삶을 살게 될 것이다. 그 시작이 바로 인생 영화의 작가가 되어 각본을 쓰고, 수정하고, 각색하는 것이다.

램프의 요정 지니는 램프가 아닌 우리의 마음에 있다. 그게 자존감이다. 자존감, 그 위대한 단어가 빛을 발하는 순간이다. 내 안에 자존이 세상을 밝히고, 인생을 밝힌다. 그래서 자존감은 거울이다. 내 내면을 비추는 거울이며, 그 내면이 내 세상을 만들고 있다. 누구보다 빛나고 있을 당신의 그 자존감을 응원한다. 알고 있는가? 당신도 이미 큰사람이다.

2장

20대에 알았으면
더 좋았을 것들

01

노력이 결과가 되지 않는 이유

주말 저녁, 서울숲을 조깅하고 있었다. 낮 동안 이곳을 채운 사람들의 열기가 아직 남아 있는 듯했다. 숲길을 따라 데이트하는 연인들을 가로질러 한 바퀴를 돌고 있었다. 후두둑, 후두둑 머리카락을 뚫고 들어오는 빗방울이 느껴졌다. 빗방울은 어느새 크기가 커지더니 옷과 신발을 적셨다. 비가 오려나 생각했던 찰나, 삽시간에 내린 소나기로 몸이 흠뻑 젖었다.

주변에는 아무도 없었다. 문득 비를 맞고 싶었다. 비가 오면 빗속에서 춤을 추던 어린 시절이 떠올랐다. 그리고 그 빗소리를 들으며 눈을 감았다. 소리에 집중하며 조용히 호흡했다.

집중의 순간에는 긴장과 집착이 사라진다. 몸의 긴장도 사라지고 마음의 집착도 줄어든다. 몸이 이완되고 마음은 느긋해진다. 그 느긋한 고요함 속에서 시간을 보내본다. '나'라는 느낌이 점점 사라진다. 그러면서 '내가 집중하고 있다'라는 느낌도 줄어든다. 점점 빗소리와 하나가 되어 가는 몰입의 상태다. 숲속의 한 가운데서, 하늘에서 떨어지는 무수한 빗줄기를 느끼며 자연과 연결되고 있었다. 누군가 그랬다.

'대자연의 장엄한 광경에 서 있을 때, 나를 잊어버리고 보이는 장관 그 자체가 된다.'

그때의 내가 그랬다. 우연히 맞은 소나기 속에서 세상과의 연결을 느꼈다. 깨달음은 멀리 있지 않았다. 너무나 당연해 지나치는 일상이지만, 눈을 돌려 세상을 바라보면 매 순간이 지혜와 깨달음이고, 감사와 감동의 학교임을 알게 된다.

작년에 쓴 일기 내용이다. 당신은 언제 몰입을 하는가? 몰입은 깊이 파고들거나 빠짐이라는 뜻이다. 한자로는 물에 빠질 몰(沒), 들 입(入)을 써서 '물에 빠진다'는 의미다. 이 말이 주는 어감이 있다. 어떤 물에 빠지는 것일까. 바로 우리 내면의 바다에 빠지는 것이다. 무의식의 가장 깊은 층에 빠지는 과정이 바로 몰입이다. 그리고 그곳과의 연결을 통해 삶이 바뀌는 과정이 성장이다.

하루에 얼마나 많은 몰입의 시간을 가지는가? 나는 적어도 일하는 시간만큼은 누구보다 몰입하고 있다. 바로 수술할 때다. 수술할 때 나는 그 어떤 시간보다 몰입한다.

세상에 나와 환자밖에 없는 느낌이다. 옆에 어시스트하는 간호사도, 그 옆에 준비 중인 서큘레이팅 간호사도 보이지 않는다. 산소포화도를 알려주는 알람 소리나, 심전도의 전기 신호도 들리지 않을 때가 있다. 나와 환자밖에 없는 수술방에서 습관적으로 몸을 움직이고 있다. 계획하고 생각하고 수술하는 것 같지만, 사실 몸이 머리보다 빨리 움직인다. 그때 느낀다.

'아, 손이 눈보다 빠르구나.'

몰입의 순간이다. 수술은 내가 하는 것 같지만 사실 그렇지 않다. 나의 무의식이 하고 있다. 내 무의식에 각인된 수술의 지식과 경험, 지혜와 앎이 나를 움직이게 한다. 그 과정에서 오늘의 경험은 또다시 무의식에 저장되고 각인된다. 그리고 그만큼 나는 성장하게 된다.

몰입의 시간이 지나 눈을 뜨면 어느새 1시간이 지나 있다. 나는 이 시간을 좋아한다. 즐겁게 몰입하기에 시간의 흐름조차 느끼지 못한다.

몰입해야 성장한다

어떻게 하면 몰입할 수 있는가? 열심히 노력한다고 몰입할 수 있는 것이 아니다. '노력'은 재미있지 않다. 오히려 강박만 생길 뿐이다. 그 집착 속에서 몰입은 더 힘들고 애써야 하는 또 다른 노력이 될 뿐이다.

노력이 결과가 되지 않는 이유는 하나다. 즐겁지 않아서다. 즐거워야 몰입할 수 있다. 몰입해야 무의식이 변하고, 손과 발이 움직인다. 그 과정에서 실력이 향상되고, 성장과 발전이라는 과정을 거치게 된다.

몰입은 즐거운 것이다. 즐거워야 몰입하고 몰입해야 성장하게 된다. '만 시간의 법칙'이라는 게 있다. 어떤 일이더라도 만 시간의 노력을 기울이면 원하는 결과를 얻는다는 공식이다. 하지만 과연 그럴까? 이 말은 반은 맞고, 반은 틀렸다. 만 시간의 노력을 하더라도 무조건 원하는 결과를 얻지 못한다. 하지만 만 시간의 시간 속에서 자신이 성장하고 발전한 모습을 발견한다면 원하는 목표에 도달할 수 있다. 이전보다 발전된 모습을 통해 즐거움이 생기기 때문이다.

수영을 처음 배울 때는 지루하다. 킥보드를 잡고 발을 동동 구르는 것부터 배운다. '어푸어푸'거리며 숨쉬기를 배울 때도 마찬가지다. 손동작을 배울 때는 어깨만 아프다. 하지만 시간이 지나 물에 몸이 뜨고, 발장구와 손동작을 통해 앞으로 나갈 때부터 재미있어진다.

초급반에서 중급반으로, 중급반에서 고급반으로 이어지는 시간 속에서 이 기쁨은 배가 된다. 그러면 알게 된다.

'내가 이제야 물의 흐름을 느끼고 있구나. 재미있다!'

이 즐거움의 본질은 '잘함'이다. 우리는 뭔가를 잘하게 될 때 즐겁다. 이 '잘함'이 '재미'보다 지속력이 강하다. 재미난 것을 할 때도 즐겁다. 하지만 그 재미난 것을 내가 남보다 잘할 때 흥미를 느끼고 계속하게 된다. 그러면서 더욱 성장하게 된다.

좋은 결과에 대한 당연함을 허락하라

몰입을 통해 성장이 일어나고, 실력이 발전하면 더 즐거워진다. 잘하기 때문이다. 그 잘함 속에서 우리는 또다시 몰입하고 선순환이 일어난다. 이 과정에서 얻는 변화가 있다. '원하는 결과에 대한 자신감'이다.

나는 고등학교 때 수학을 가장 좋아했다. 어릴 때 스스로 수학 천재라 생각했던 적도 있었다. 《수학의 정석》을 풀 때 눈으로 풀었다. 나에겐 펜이 필요 없었다. 수학과 물리를 공부할 수 있는 포항 공대를 들어간 건 수학의 영향이 컸다. 그만큼 수학을 좋아했다. (그랬던 내가 대학교에서 나보다 훨씬 수학을 잘하는 친구를 보았다. 그는 공업 수학을 펜 없이 눈과 계산기로만 풀었다. 그때 나는 수학에 흥미를 잃었다. '잘함'이라는 느낌이 사라졌기 때문이다.)

대학에 입학하기 전까지 늘 수학에 대한 자부심이 가득 차 있었다. 수학 성적이 가장 좋았던 것은 당연했다. '좋은 결과에 대한 당연함'이 있었기 때문이다.

이 당연함은 무의식에 각인된다. 수리영역을 만점 받을 것에 대한 당연함, 그것도 1시간 내에 푸는 당연함이 나의 무의식에 각인되어 있었다. 이것은 마치 고급반에서 수영하는 내가 초급반 강습생과 50m 자유형 시합을 하는 것과 같은 느낌이다. 무의식에 각인된 당연함은 초급반 강습생과의 대결에서 승리하고, 수리영역을 만점 받게 하는 근원적인 힘이다.

트리플 악셀을 못하는 김연아가 일본의 아사다 마오를 이긴 이유이기도 하다. 표현력에서는 스스로 우위에 있다는 자신감과 그 당연함이 있었다. 그 당연함에 대한 무의식이 아사다 마오보다 훨씬 좋은 점수를 받는 미래를 펼쳐낸 것이다.

노력한다고 실력으로 모두 나타나는 것이 아니다. 같은 노력을 해도 누구는 아마추어 선수로 머물고, 누구는 손흥민 같은 최고의 선수가 된다. 그 이유는 노력이 아니다. 즐거움의 차이고, 몰입의 정도며, 그로 인해 생기는 자신감과 당연함의 유무다. 아무리 노력해도 결과가 좋지 않은 이유는 이 당연함을 당신이 허락하지 않아서다. 당연히 그렇게 된다는 것을 허용할 때, 인생이 그렇게 될 것이다.

'좋은 결과에 대한 허용, 그로 인한 무의식의 변화' 이것이 노력이 결과로 이어지는 과정이다. 노력과 무의식이 만날 때, 당신은 이미 목표를 이루었을 것이다. 그때 비로소 만 시간의 법칙이 빛을 발하게 된다. 자신감과 당연함이 당신을 감싸고 있기 때문이다. 그러면 알게 된다.

'아, 손이 눈보다 빠르구나!'

부자로 성장하는 근본 원리 3가지

질문은 '답'을 위한 것이 아니라, '변화'를 위한 것이다. 질문을 통해 자신을 관찰하고, 스스로의 잠재력을 확인할 수 있다. 그 과정에서 성장하게 된다. 그래서 질문은 '당다시'다. 당연한 것을 다시 보는 시선이다. 질문이 존재하는 이유는 어제의 당연함보다 내일의 다름을 위해서다. 나 역시 어제보다 나은 미래를 위해 오늘도 질문한다. 이때마다 항상 하는 질문이 있다.

나는 대중으로부터 얼마나 멀어져 있는가?

스무 살 때부터 나에게 던진 질문이다. 28년간 단 한 글자도 바뀌지 않은 인생 질문이다. 그리고 항상 이 질문을 통해 '다름'을 추구해왔다. 대중이 원하는 삶이 아닌 내가 원하는 삶, 그 시작은 이 질문에서 출발했다.

대중의 생각, '상식'으로부터의 자유는 스스로 생각하는 힘을 가지게 한다. 상식에 내 생각을 맞추는 순간, 인생의 키는 그들에게 넘어간다. 내 생각은 나의 세상을 만들고, 그들의 생각은 그들 세상에 적합한 나를 만든다. 그 차이를 기억하고 질문하라.

나는 대중과 얼마나 다른 생각을 하고 있는가?

얼마나 다른 일상을 사는가?

'다름'이 많아질 때 성장할 수 있다.

습관이 집단화될 때 그것을 관습이라 부른다. 대중은 관습 속에 살아간다. 그 관습 속에서 대중은 상식을 이야기한다. 대중은 '원그당(원래, 그냥, 당연)'의 당원이 되어, 철저히 그 역할을 수행한다. 권위자의 의견을 사실로 받아들이고 자신의 의견인 양 아무 사유도 없이 따르고 습관처럼 살아간다. "왜 그렇게 생각해?"라는 질문에 그들은 이렇게 대답한다.

"원래 그래, 그냥 그래, 당연히 그래."

대중이 가장 많이 쓰는 표현이다. 그 당연함을 다시 보는 시선이 없다. '원그당'에 세뇌된 자신을 바라볼 수 없어서다. 그 중독에서 벗어나라. 원그당을 탈퇴하고 대중과 멀어져라. '대중과 멀어짐' 속에서 비로소 다른 길을 걸을 수 있다. 역사 이래 대중이 부자가 되는 사회는 없다. 그들과 다른 사람이 되어 갈 때, 부자의 모습으로 조금씩 성장하게 된다.

대중과 다른 삶을 살아라

적어도 3가지는 꼭 달라져야 한다. 그래야 빨리 람보르기니를 탈 수 있다. 다음 질문을 자문해보자.

나는 부자가 될 자격이 있는가?

부자가 되면 그 삶을 누릴 자격이 있는가?

나는 대중과 얼마나 다른 일상을 살고 있는가?

나는 이 질문에 모두 '네'라고 답할 수 있다. 다음은 내가 대중과 다른 3가지다. 적어도 이것만은 실천해보자.

첫째, 기록하라.

나는 항상 쓴다. 메모하고, 키보드를 두드린다. 당신이 카톡을 보내는 것처럼 나도 카톡을 보낸다. 하지만 차이가 있다. 당신은 친구와 수다를 떨지만, 나는 나에게 생각을 보낸다. 문득 책에서 읽은 문구를 보내고, 그 문구로 얻은 지식을 카톡으로 보낸다. 반짝이는 키워드를 보내기도 하고, 밑줄 친 문장을 보내기도 한다. 카톡으로 보내기 힘든 글은 노트북이나 블로그, 브런치에 남기기도 한다.

산책하거나 명상을 할 때도 기록한다. 술을 마시거나 골프를 칠 때도 기록한다. 번쩍 떠오른 생각이 아까워 그것이 휘발되는 걸 원치 않기 때문이다. 기록은 축적되고 그 과정에서 확장되며, 지혜로 저장된다. 그래서 기록은 성장의 원천이다. '축적, 확장, 기억'이 성장의 과정이기 때문이다. 그래서 기록하면 반드시 성장한다. 친구들에게 카톡을 보내듯, 자신에게도 보내보자.

둘째, 명상하라.

현실이 시끄럽고 삶이 번잡할 때 눈을 감아보자. 그리고 조용히 자신의 호흡에 집중해라. 아무 생각 없이 숨을 쉬고, 폐 깊숙이 들어오는 들숨과 배 안쪽에서 나가는 날숨을 느껴보는 것이다.

길게 할 필요도 없다. 딱 3분만 그 호흡과 함께해라. 그리고 눈을 떠라. 처음에는 쉽지 않겠지만, 그 3분이 편해지는 순간이 온다. 그 임계점을 넘길 때 정말 신비로운 경험을 하게 된다.

바로 '나'와의 만남이다. 몸으로 살아가는 내가 아닌 나를 보고 있는, 나를 움직이는 또 다른 '나'와의 조우다. 호흡에 집중하다 보면 어느 순간 '호흡은 내가 하는 게 아니다'라는 느낌이 생긴다. 내가 숨을 들이쉬고 내쉬는 게 아니라, '나의 호흡을 일으키는 자'가 있음을 알게 된다. '그'와의 만남이 마음공부의 시작이다.

3분간의 호흡 명상이 익숙해지면 또 다른 '눈'이 생긴다. 바로 명상하는 나를 '바라보는 눈'이다. 나를 바라보고 있는 시선, 뒤에서 혹은 위에서 나를 바라보고 있는 그 시선이 있음을 느낄 수 있다. 그리고 그 눈은 일상에서도 늘 나와 함께하고 있다.

명상이 삶의 일부가 될 때 받게 되는 최고의 선물이다. 바로 당신의 수호천사이자, 자신을 바라볼 수 있는 시선이다. 대중은 이 시선이 없다. 그리고 아무리 말해줘도 믿지 않는다. 눈에 보이지 않는 것을 믿지 않는 것이 대중이고, 눈에 보이지 않는 것을 아는 이가 부자다.

수없이 많은 부자들은 이야기하고 있다. 그들의 인터뷰를 한번 보자. 부자의 이야기는 비슷하다. '왠지 성공할 것 같은 느낌이 있었다', '누군가가 나를 위해 일해주는 것 같았다', '나의 수호천사가 우주를 움직여 나를 구원하고 있었다'고 그들은 말한다. 그리고 당신도 그들이 될 수 있다.

셋째, 움직여라.

하루에 최소 30분 움직여라. 운동해도 좋고, 산책해도 좋다. 늘 걷던 길 대신 동네 한 바퀴를 돌아 퇴근해도 좋다. 내리던 정거장이 아닌 그 전에 내려 걸어도 좋다. 집 앞 운동장을 10바퀴 뛰어도 좋고, 엘리베이터를 타지 않아도 좋다. 몸이 건강해야, 뭐든 할 수 있다. 서점에 있는 수없이 많은 자기계발서보다 가치 있는 자기 계발은 운동이다. 건강을 망쳐가며 자기 계발하는 것은 가장 어리석은 짓이다.

오랜 시간 자수성가한 백만장자와 가난한 사람들을 연구하고, 세계적 기업과 대학에서 동기부여 강의를 하고 있는 토마스 C. 콜리(Thomas C. Corley)가 조사한 자료에 따르면 부자와 가난한 사람은 운동 횟수에도 차이가 난다고 한다. 부자 중 76%는 일주일에 4회 이상 운동을 하고, 가난한 사람은 23%만 운동을 하고 있다. 나는 주 4회 필라테스를 하고, 주말마다 조깅을 한다. 일주일에 한 번 이상 골프를 하고, 일주일에 반만 엘리베이터를 탄다. 스스로 어떤 행위를 하며 하루를 보내는지 일상을 살펴보자.

움직일 때 몸은 가벼워진다. 이 가벼운 느낌이 마음의 무게까지 줄여준다. 몸과 마음은 연결되어 있다. 마음이 유쾌하면 즐거움이 생기고, 지금이 즐거우면 지속할 수 있게 된다. 이런 과정에서 즐거움은 일상이 되고, 운동은 습관이 된다. '나도 모르게' 웃으며 운동하게 된다.

이 순간이 우리의 무의식에 저장된다. 즐거움의 무의식이 마음에 자리 잡게 된다. 무의식이 즐거우면 긍정의 생각과 창의적 아이디어를 만든다. 놀라운 영감을 일으킬 때도 있다. 평소 생각지도 못했던 성공 아이템은 이 과정에서 생긴다. 몸을 움직여야 부자가 되는 이유다.

나는 이렇게 삶을 변화시켰다. 쓰고, 명상하고, 움직였다. 그리고 꾸준히 반복했다. 그 꾸준함 속에 일상이 바뀌어 갔다. 그리고 일상이 바뀔 때 나의 삶은 이미 변해버렸다. 지금도 계속 변하고 있고, 내가 원하는 방향으로 바뀌고 있다.

기록하고, 명상하고, 움직여라. 그래야 변한다. 그래야 빨리 성공할 수 있다. 그래야 대중에서 멀어질 수 있다. 당신은 얼마나 대중과 '다른' 삶을 살고 있는가? 대중이 부자가 되는 세상은 없다.

외모가 뛰어나지 않아도
매력적인 사람들의 비밀

나는 13년째 신논현역 근처에서 얼굴 살 관리를 하고 있다. 얼굴 살은 많아도 문제, 적어도 문제다. 부어도 문제고, 처져도 문제다. 다양한 문제만큼 다양한 경험을 했고, 즐거웠던 일만큼 힘들었던 일도 있었다. 그러면서 알게 된 사실이 있다. 수술은 습관을 못 이긴다. 아무리 수술을 잘해줘도 얼굴 습관이 그대로면 결과는 나빠진다.

얼굴 살 수술은 노화와 관련이 있다. 얼굴은 나이가 들수록 처지고 줄어들기 때문이다. 물론 체중 변화에 따라 달라질 수 있지만, 전반적인 노화의 과정은 연부조직의 소실과 탄력의 저하다.

그러면서 생기는 변화가 있다. 바로 앞볼의 감소와 턱 라인의 처짐이다.

동안의 조건은 2가지다. 앞볼의 볼륨감과 갸름한 턱라인이다. 이 2가지가 동안의 핵심이다. 물론 피부 주름이나, 색소성 질환, 눈과 코의 변화도 중요하다. 하지만 턱선이 처지고, 앞볼이 꺼지는 모습은 20대와 60대를 구분 짓는 가장 중요한 요소다. 우리 병원이 턱선 교정과 앞볼 보강 수술을 가장 많이 하는 이유다.

하지만 문제는 수술 후에 발생한다. 아무리 처진 살을 제거하고, 앞볼의 볼륨을 채워도 습관이 바뀌지 않으면 몇 년 지나 다시 수술하러 온다. 습관은 쉽게 바뀌지 않기 때문이다. 특히 표정 습관, 얼굴 근육을 잘 못 쓰면 문제가 심각해진다.

얼굴 근육은 얼굴 노화와 관련이 있다. 턱선을 올려주고, 앞볼 볼륨을 유지하는 가장 효율적인 장기가 근육이기 때문이다. 아무리 피부의 탄력을 개선하고, 콜라겐을 증식해도 근육의 리프팅 능력을 따라잡을 수 없다. 앞볼에 지방을 이식하고 콜라겐이나 필러를 채워도 근 손실이 일어나는 속도를 넘어설 수 없다. 그래서 얼굴 근육이 노화 예방과 동안 유지에 가장 중요하다.

미소가 아름다운 사람이 미인이다. 우리는 외모보다 인상을 기억한다. 인상은 마음에 박힌 이미지다. 쉽게 변하지 않는 한 사람의 기억이 인상이다. 그래서 인상 좋은 사람이 외모 좋은 사람보다 오래 남는다. 어제 한 소개팅에서 그 사람의 눈, 코, 입은 희미해지지만, 그녀의 미소는 며칠이 지나도 떠오른다. 외모는 해석된 것이지만, 인상은 각인된 것이기 때문이다. 그래서 인상이 좋아야 한다. 그 인상을 만드는 것이 바로 표정이다.

표정이 인상을 결정한다. 그 표정은 얼굴 근육이 만든다. 그래서 얼굴 근육을 표정 근육이라 부른다. 그중에서 얼굴 인상과 관련 있는 근육이 있다. 바로 미소 근육이다. 우리가 웃을 때 쓰는 근육이다. 이 미소 근육이 발달하면 웃는 인상이 생기고 이미지가 좋아진다.

미소 근육은 눈 주변의 눈둘레근과 광대뼈에서 시작하는 근육이다. 아래로 내려가 팔자주름과 입꼬리 주변의 피부와 연결된다. 이 근육이 작용하면 윗입술과 입꼬리가 위로 올라간다. 미소가 생기고 턱선이 갸름해진다. 앞볼이 살아나며 외모와 인상이 동시에 좋아진다.

하지만 사람들은 이 근육을 잘 사용하지 못한다. 버스나 지하철, 혹은 길거리를 걷는 사람들 표정을 보면 모두 비슷하고 어둡다. 입은 꾹 다물고, 사각 턱 주변으로 힘을 주고 있다. 미간은 찡그리고 있고, 그 사이에 주름이 잡혀 있다. 어딘가 모를 긴장과 불안이 표정에 나타난다. 24시간 중 가장 많은 시간을 보내는 표정, 그 표정이 바로 이 무표정이다.

무표정은 우리의 대표 표정이다. 나를 가장 잘 드러낸다. 가장 많은 시간을 함께하기 때문이다. 그 표정을 거울로 한번 보면 우울하다. 미소 근육을 쓰지 않아서다. 미소 근육을 쓰지 않기 때문에 무표정은 어두워 보인다.

이제부터 달라져 보자. 표정을 밝게 하고 인상을 좋게 하면 외모도 개선된다. 그 과정에서 인생도 달라진다. 표정과 감정은 연결되어 있기 때문이다. 즐거우면 웃지만, 웃으면 즐거워진다. 슬프면 울지만, 우는 연기 속에 슬픈 마음이 든다. 표정이 밝아지면, 감정도 긍정으로 변한다. 그리고 그 즐거운 감정이 주변으로 퍼진다. 그때 사람들은 나를 좋은 인상으로 기억하고 나에게 호감을 표시한다. 그 시작이 바로 '아이는'이다.

마음을 사로잡는 마법 같은 습관

'아이는'이라는 단어를 말할 때 나타나는 변화가 있다. 지금 거울 앞에서 '아이는'이라고 말해보자. 그리고 자신의 얼굴을 보자.

입가에 미소가 보일 것이다. 왜 그럴까? '아'라고 말할 때, 턱쪽 저작근에 힘이 빠지게 된다. 그러면 입과 턱 주변 근육에 힘이 빠

진다. 우리가 화나거나 흥분할 때 힘을 주는 근육이 입 주변 근육
이다.

부장님이 화를 낼 때 입 모양을 봐라. 그때 쓰는 근육이 입 주변
근육이다. 이 근육에 힘이 빠지면 부정적 감정이 줄어든다. 너무
화가 나거나 감정이 폭발할 때 이를 꽉 물고 말하는 사람들이 있
다. '아' 자를 자주 말하고 연습하는 것이 효과가 좋다.

'이'라고 말할 때는 턱 끝에 힘이 살짝 들어간다. 그러면 말려 있
던 턱이 뾰족해진다. 턱 끝이 살면서 표정이 좋아지고 턱선이 살아
난다. 얼굴 축이 좋아지고, 선이 깔끔해진다. 인상마저 또렷해지는
느낌이다. '이' 자는 턱이 뭉툭하거나 자갈 턱을 가진 경우에 아주
효과적이다.

또한 입술의 바깥이 살짝 올라가며 긍정의 불이 켜진다. 미나리
나 개나리처럼 '이'나 '리'자로 끝나는 글자를 말할 때 느껴지는 입
꼬리의 느낌이다. 미소가 시작된다.

마지막 '는'은 핵심 발음이다. 우리의 얼굴 근육 중 볼 주변으로
배치된 4개의 미소 근육이 있다. '는' 발음은 이 미소 근육을 위로
당긴다. 입꼬리가 올라가고, 앞볼에 볼륨이 생긴다. 턱선이 갸름
해지고 얼굴선이 올라가게 된다. 처진 턱선이 올라가면 표정이 좋
아지고, 봉긋한 앞볼도 생긴다. 갑자기 동안으로 얼굴 느낌이 변한
다. 나도 모르는 미소마저 생긴다. 인상이 좋아지고 외모도 개선

된다.

"노화로 인한 변화의 70%는 표정 근육이 결정한다."

JF피부과 정찬우 원장의 말이다. 이 말에 전적으로 동의한다. 표정 근육이 약해지면 표정이 어두워지고 인상이 나빠진다. 얼굴이 처지면서 턱선이 길어지면 나이 들어 보이게 된다. 외모와 인상 둘 다 좋지 않게 변한다.

그러면서 내 마음도 부정적으로 변한다. 어두운 표정이 불평, 불만, 불안을 느끼게 한다. 그 마음의 변화는 또다시 표정으로 나타난다. 인상은 굳어지고 내 주변은 어두워진다. 그 악순환을 끊어야 한다. 자신의 표정을 망치고 내 인상과 인생에 도움이 되지 않는 얼굴 습관을 바꿔야 한다. 그 시작이 '아이는'이다.

나는 아침을 '아이는'으로 시작해서 거울이 있는 모든 곳에서 '아이는'을 연습한다. 그리고 나의 얼굴을 본다. 거울에 비친 나의 모습은 이미 바뀌어 있다. 그게 인생 역전의 시작이다.

지금 당장 '아이는'을 말하고 거울을 보자. 1초 만에 미소가 만들어질 것이다. 무표정에 숨겨져 있던 보물과도 같은 미소다.

우울한 지하철 속에 홀로 반짝이는 자신의 미소를 발견하게 될 것이다. 그 표정을 이어가라. 외모가 좋아지고, 인상이 따뜻해지며, 인생이 밝아질 것이다. 그 미소가 인생까지 밝게 만든다. 오늘이 달라지고, 내일이 변하며, 미래가 이미 빛나고 있을 것이다. 그

달라진 미래에도 당신은 웃고 있을 것이다. '아이는'이 그 변화된 미래와 함께하길 바란다.

친구가 발목을 잡을 때

취업정보 전문업체 잡코리아는 2020년 직장인 596명을 대상으로 경조사비 관련 조사를 한 결과 '직장인들은 한 달 동안 평균 15만 9,000원을 경조사비로 예상했다. 직장인들이 지출하는 경조사비로는 직장동료 결혼식 축의금으로 5만 원을 적정 액수로 생각했다'고 밝혔다. 성별에 따른 금액을 살펴보면 남성이 17만 2,000원, 여성이 14만 7,000원으로 남성이 여성보다 평균 2만 5,000원 정도 경비가 더 높았다고 한다.

당신은 친구 경조사비로 얼마를 쓰는가? 5만 원? 10만 원? 20만 원? 아마도 이 정도 수준일 것이다. 그럼 축의금을 정하는 기준은 무엇인가? 아마도 상대에게서 받은 금액일 것이다. 적어도 받은 만큼 주게 된다. 친밀도도 중요하다. 얼마나 자주 보고, 얼마나 친한가에 따라 금액이 달라진다. 업무적 연결성도 금액에 영향을 미친다. 내 사업에 대한 기여도 역시 무시할 수 없다. 미래에 대비하는 예비비의 목적도 있다. 주는 만큼 받기에 미리 적립하는 개념이다.

그런데 한 가지 궁금한 점이 생긴다. 우리는 왜 친구가 되었을까? 당신의 친구가 왜 친구가 되었는지 고민해본 적이 있는가? 한번 생각해보자.

우리에겐 학창 시절이 있었다. 초등학교, 중학교, 고등학교 시기다. 학창 시절 친구는 같은 학교에, 나이가 똑같고, 성별도 같았다. 사는 곳도 비슷했다. 비슷한 지역에 사는 학생들이 같은 학교에 배정되어 친구가 되었다. 물론 예체능이나 특수 목적의 학교도 있었지만, 대부분은 동네 친구가 학교 친구였다. '지역적 동질성'이 학창 시절 친구 특징이다.

대학을 가면 다르다. 대학은 지역적 동질성이 아닌 '성적의 동질성'으로 만난다. 각 과별로 성적 편차는 있지만, 성적이 비슷한 애들끼리 학교에 모인다. 그리고 몇 년을 친구로 지내고 졸업을 한다.

사회생활을 하면서는 '업무적 동질성'이 중요해진다. 직군별, 직업별로 친구를 만나게 된다. 직장 동기, 동종 업계 친구, 경쟁 회사 혹은 동갑 혹은 비슷한 나이대의 선후배가 친구가 된다. 보통의 결혼 적령기가 30~40대임을 감안하면, 이 시기의 친구가 축의금을 가장 잘 챙기게 된다. 자주 보고, 매일 점심을 먹고, 저녁에 술자리를 하는 사회 친구가 어느덧 나의 베스트프렌드(이하 베프)가 되기 때문이다.

그러다 결혼하고, 40~50대가 넘어가면 또 달라진다. 이제는 '경제적 동질성'이 친구를 나누는 기준이 된다. 경제적 위치가 비슷한 사람끼리 만나게 된다. 잔인하지만 사실이다. 같은 리그의 사람을 만나는 게 어느 순간 편해진다. 비슷한 운동을 하고, 사회적 관심사도 비슷하며, 취미생활도 공유한다. 비슷한 레벨의 차를 몰고, 자식들의 학군도 비슷하며, 자식들의 성적도 비슷하다. 모임 장소도 비슷하고, 말과 행동도 닮아간다.

그리고 그 시기를 지나 노년이 되면, 이제는 '건강의 동질성'이 중요해진다. 건강한 사람끼리 모이는 것이다. 등산을 같이 하고, 운동도 같이 하며, 술도 같이 하기에 적절한 건강을 유지하는 사람이 친구가 된다.

우리가 일반적으로 겪는 친구의 변화 과정이다. 물론 개인적으로 기억하는 과거의 베프가 있을 수 있다. 힘든 시간을 보낸 친구가 베프가 될 수 있다. 과거의 추억을 간직한 채 1년에 한 번씩 안

부를 묻는 베프가 있을 수 있다. 하지만 내가 아플 때, 내 옆에 달려 올 수 있는 친구는 그 친구가 아니다. 매일 점심을 같이 먹는 직장 동료, 어제 나와 술 한잔 마신 지인, 매일매일 카톡 하는 친구가 여러분 앞에 약이라도 사 올 친구가 된다.

나와의 동질성, 결국 '끼리끼리' 만나는 것이다. 비슷한 사람들끼리 지내는 게 친구다. 그 비슷함의 항목은 달라지지만, 본질은 변함없다.

'친구는 나와 비슷해야 한다.'

문제는 여기서 시작된다. 당신은 성공을 꿈꾸며, 나아지고 싶다. 지금보다 여유롭게 살고, 인정도 받으며, 인생을 업그레이드하고 싶다. 경제적으로 부유하고, 사회적으로는 명성을 쌓으며, 여유로운 인생을 살고 싶다. '안 부자'인 지금에서 '부자'인 내일로, '부자'인 내일에서 '쩐 부자'인 미래로 거듭나고 싶다. 늘 똑같은 나, 과거의 동질성에서 나는 벗어나고 싶다. 문제는 이 지점이다.

친구는 내가 자신과 달라지는 것을 원치 않는다. 끼리끼리의 동질성에서 벗어나기 때문이다. 늘 자신의 곁에서 자신과 비슷하길 바란다. 경제적으로 비슷하고, 관계적으로도 비슷하며, 생각과 말과 행동도 비슷하기를 바란다. 그게 친구기 때문이다. 이때 친구는 나의 성장을 위협으로 받아들이게 된다. 성장한 친구는 나와 달라지기 때문이다.

친할 친(親)과 옛 구(舊)를 사용하는 친구의 한자어가 알려주고 있다. 직역하면 '친한 옛 것'이다. 친구는 과거를 향한다. 과거의 모습과 지금 모습이 변치 않기에 우리는 서로를 친구로 받아들인다. 삶의 큰 허들이 친구가 되는 이유다.

미래를 향하는 나와 과거에 머무는 친구, 이 간극과 차이가 우리를 '여기에' 머물게 한다. 친구의 조언이 성공을 위한 발판이 아니라, 내 발목을 잡는 손이 된다. 뿌리쳐야 하는 가장 강력한 허들이다.

친구가 허들이 될 때 성장한다

나는 학교를 졸업하고 서울로 왔다. 2002년 2월, 동계 올림픽이 한창인 시기였다. 어린 시절과 학창 시절을 모두 부산에서 보냈다. 그동안 내 곁에서 응원하고 격려해준 친구들이 다 부산에 있었다. 어머니도 부산에 있었고, 이모와 삼촌들도 부산에 계셨다. 의과대학을 다니면서 옆에서 같이 공부하고, 밤새워가며 족보를 외운 베프들도 있었다.

서울로 떠나는 나를 위해 친구들, 동생들 그리고 동기들이 송별회를 해주었다. 너무나 고마웠고, 가슴 깊이 우리의 추억을 간직했다. 그들이 했던 말들은 지금도 머릿속에 남아 있다.

"뭣 하러 서울 가노? 부산에서 부산대 나왔으면 선배도 많고, 편하게 지낼 수 있는데."

"서울 가서 친구도 없이 외롭게 우찌 지내노? 니 서울말도 못한다 아이가."

"그냥 우리랑 부산에서 술도 마시고 지내자."

그리고 마지막 말 "엄마도 부산 계시자나, 혼자 어떻게 지내시노."

그때 기억에 마음이 뭉클하다. 흔들리던 27살, 그때 모습이 다시 아련해진다. 당시 나는 마음속으로 되뇌었다. 아니 다짐했다. 그리고 그들의 허들을 넘었다.

'내가 성공해서 다시 연락하면 이들은 나를 반겨줄 것이다. 20년 뒤에 우리 다시 만나자. 아마 너희들도 성공해 있을 거야.'

그리고 나는 그들의 연락처를 지웠다. 당신은 성공을 위해 친구의 연락처를 지울 수 있는가? 매일 카톡하고 통화하고, SNS로 서로의 안부를 묻는 지금의 친구를 지울 자신이 있는가? 아마 쉽지 않을 것이다. 인생의 허들은 쉽게 넘는 게 아니다. 친구는 여전히 소중하고 그들과의 추억은 따뜻하다. 나를 위해 조언해주고, 충고

해주고, 술 한잔 사주던 친구 목소리는 여전히 나를 감싸고 있다. 그 내면의 목소리가 망설이게 하지만, 명심해야 할 부분이 있다.

사실 사람들은 내 인생에 대해 크게 관심이 없다. 그게 친구여도 마찬가지다. 중요한 것은 자기 자신이다. 세상에서 가장 소중한 사람은 바로 자신이다. 그리고 한 가지 비밀이 있다.

친구는 자신보다 더 잘된 친구에게 관심을 가진다.

이것은 살면서 알게 된 세상의 진실이다. 당신도 깨닫게 될 것이다.

48년을 살면서 나도 많은 친구가 있다. 학창 시절, 대학교, 사회, 병원, 취미, 방송 등 지나온 시절만큼 다양한 분야에서 친구를 만났다. 지인도 있고, 친구도 있고, 베프도 있다.

하지만 나는 알고 있다. 친구와 멀어져도 내가 잘되어 있으면 친구들은 나를 찾아온다. 그리고 내 마음속에 추억을 간직하면 10년 만에 연락해도 우리는 친구로 지낼 수 있다. 그게 세상의 이치다.

그러니 친구 허들에 얽매이지 말고 당신의 세상을 위해 결심해라. 그리고 미래를 위해 발목을 잡은 친구 손을 떨쳐내라. 나도 그랬다. 그러니 당신도 할 수 있다. 친구가 허들이 될 때 당신은 이미 성장하고 있다.

20년 전 연락을 끊은 그 친구들은 지금 어떻게 지내고 있을까? 우리는 1~2년에 한 번씩 제주도에 골프를 치러 간다. 메뉴가 삼겹살에서 소고기로 변해 있지만, 이제는 서로의 허들을 넘어 더 높은 곳에서 잘 지내고 있다. 그러니 너무 걱정하지 마라.

긍정적인 미래를 당기는
가장 쉬운 방법

우리는 누군가를 만나 사귀고 아끼고 사랑한다. 하지만 사랑하면서도 헤어질지 모른다는 불안감이 늘 함께한다. 슬픈 예감을 지닌 채 그 두려움을 감추고 있다. 하지만 그 불안한 예감은 곧 우리에게 펼쳐진다. 어김없는 헤어짐, 슬픈 예감은 언제나 틀리지 않고 나와 늘 함께하고 있다.

비단 사랑뿐만이 아니다. 삶에서도 마찬가지다. 열심히 살고 있지만, 미래의 불확실성은 우리를 늘 긴장하게 한다. 방향을 잃고 뭔가에 쫓기고 있는 느낌 때문에 두렵다. 이 감정은 어디에서 시작될까? 바로 '무지'다. 인간은 모르기 때문에 두려운 것이다. 미래에 대한 '모름'이 우리를 불안하게 만든다.

과거는 두렵지 않다. 우리는 어제의 일로 불안해하지 않는다. 과거 선택이 후회가 될지라도, 두려움을 주지는 않는다. 두려운 건 어제 선택으로 인한 내일의 불안이다. 미래는 알 수 없기 때문이다. 미래에 대한 두려움은 여기서 출발한다.

알 수 없는 내일의 두려움은 인간이 지닌 원초적인 두려움이다. '의식'은 '인식하는 것'이고, 인식은 '무엇을 아는 것'이기 때문이다. 그래서 우리는 무언가를 알 때 안정감을 느끼고, 편안하다. 초행길이 불안하고, 모르는 사람과의 만남이 두려운 이유다. 우리의 원초적 본능이 '앎'이기 때문이다.

우리는 미래를 알고 싶어 한다. 미래의 불안을 없애고 싶어서다. 미래를 알게 될 때 그 불안이 없어질 거라는 믿음 때문이다. 그리고 생각으로 미래를 예측하려 한다. 그 예측을 미래 모습으로 가정하고, '모름'으로 오는 두려움이 사라질 거라 기대한다.

왜 예측은 틀리고, 예감은 맞는 것일까?

그렇다면 미래 예측은 무엇으로 할까? 과거의 기억으로 한다. 경험을 통해 알게 된 과거의 기억이 미래 예측의 기준이 된다. 그래서 우리는 늘 실패한다. 새로운 성공에 대한 기억이 없다. 과거의 실패 경험만 반복하게 된다.

예를 들어, 자신이 취업준비생이고 대기업에 입사하고 싶은 꿈이 있다고 가정해보자. 매일매일 공부하고 의지를 다지며 취업에 성공한 모습을 그려보지만, 탈락의 불안감도 함께하고 있다. 대기업에 다니는 모습을 상상하며 열정을 불태우지만, 면접 일자가 다가올수록 두려움은 커진다. '나는 대기업에 합격해 본 적이 없다'라는 자신에 대한 기억, 나에 대한 규정이 미래 예측의 수단으로 쓰이기 때문이다. 한 번도 해보지 못했기에 대기업 입사에 대한 믿음이 생기지 않는다. 노력이 합격으로 이어진다는 믿음, 그 무의식의 믿음이 없기 때문이다.

경험은 자연스럽게 무의식에 새겨진다. 성공한 경험은 성취의 기억으로 연결되고, 이것은 무의식으로 마음에 자리 잡는다. 합격의 결과는 오늘의 노력이 있어야 이어지는 시간의 흐름이다. 하지만 미래의 두려움이 이 프로세스를 방해한다. 아무리 노력해도 합격하지 못할 것 같은 두려움이 생긴다. 이 두려움은 과거의 실패 경험과 그 무의식을 끄집어낸다. 그리고 '나는 실패하는 사람이다'라는 무의식을 통해 그 세상(불합격의 세상)을 펼쳐낸다. 무의식은 두려운 생각을 만들고, 그 생각은 불안한 말과 행동으로 이어져 또다시 실패하는 미래와 연결된다. 그래서 불합격하는 현실이 늘 반복된다.

이런 미래 예측은 의미가 없다. 두려움을 전제로 하는 예측은 늘 부정적 미래와 연결되기 때문이다. 불안한 예감은 늘 틀리지 않는다. 많은 사람이 부정적 현실을 만드는 이유다. 일상이 된 두려움 속에서 미래를 예측하기 때문이다.

내면의 온도를 높여라

굿 바이브(good vibe)를 지니고 살아야 한다. 좋은 느낌을 간직한 채, 오늘 하루 즐겁게 살아야 한다. 미소를 머금고, 긍정의 마음을 지닐 때 미래로 향하는 다른 문을 열 수 있다. 매사에 감사하고, 주변에 친절하게 대하며, 자신만의 베풂을 실천하자.

거울에 비친 나를 관찰하자. 무표정에 웃음이 담길 때 내면의 온도가 바뀐다. 두려움의 무의식에 긍정의 기운이 담기게 되고, 내면의 공간이 밝게 채색된다. 이때 삶의 변화가 나타나기 시작한다. 우리의 무의식이 긍정으로 변하기 때문이다. 그리고 그 무의식이 내 세상을 변하게 한다.

나를 감싸는 긍정의 느낌은 무의식을 채색하고, 그 무의식은 하나의 영감이 되어 새로운 생각, 창의적 아이디어, 혁신적인 행동으로 이어진다. 그 과정에서 과거의 모습을 조금씩 벗어나게 된다. 습관처럼 반복되던 일상의 굴레에서 벗어나 어제와 다른 오늘을 맞이하게 된다. 자신과 나를 둘러싼 세상이 변하게 된다. 그리고 이 변화는 당신의 느낌이 바뀔 때 시작된다. 슬픈 예감이 아닌 좋은 느낌의 삶으로 바뀌게 된다.

하지만 대다수의 사람들은 이 작은 변화를 일으키지 못하고, 이렇게 생각한다.

'느낌 약간 바꾸는 게 전부라고? 그렇다고 진짜 인생이 바뀐다는 말이야? 절대 그럴 리 없어.'

대중은 이 상식에 빠진 채 변화를 포기한다. 인생은 변화하지 않아도 될 수백 가지의 이유를 가지고 있다. 그게 바로 무의식 때문이다. 마음을 가득 채운 불평, 불만, 불안의 무의식, 그 무의식이 그렇게 생각하게 만든다. 그래서 현재가 만족스럽지 않아도, 어제와 똑같은 삶을 살아가게 된다. 우리는 자아 의지가 아닌, 무의식의 의지로 살기 때문이다. 그래서 인간은 쉽게 바뀌지 않는다. 불안한 예감이 왜 맞는지 모른 채 미래 예측만 하며 살아간다.

당신은 지금 어떤 느낌이 드는가? 한번 느껴보자. 지금 내 느낌은 어떻고, 세상을 바라보는 기분은 어떠한가? 그 느낌과 기분의 총합인 당신의 바이브는 과연 긍정적인가? 각자 다르게 느끼겠지만, 이것만은 기억하자.

'지금의 느낌을 앞으로도 느낄 것이다.'

지금의 느낌이 긍정이면 오늘도 즐겁고, 내일도 행복한 느낌으로 이어진다. 하지만 내 느낌이 부정적이고, 슬픈 예감이 그 주변을 감쌀 때, 그 느낌은 내 안에 무의식과 연결되어 반드시 부정적 미래를 끌어당긴다. 불안한 기분이 가지는 강력한 힘이다.

여기가 바로 변화의 출발점이다. 지금의 느낌을 변화시켜라. 그리고 그 변화를 통해 미래의 모습을 맞이하라. 그 시작이 미소다. 거울을 자주 보고 자신의 미소를 확인하자. 그 미소를 통해 내 안에 있는 긍정의 느낌을 끌어내라. 미소와 동반된 즐거운 감정 속에서 오늘을 살아라.

그 즐거움 속에서 하루를 보낼 때 삶은 꽤 훌륭한 방향으로 흘러가게 된다. 그리고 시간이 지나 깨닫게 될 것이다.

'그때의 즐거운 노력이 지금 이 회사를 잘 다니게 했구나!'

결과는 과정에서 오는 것이고, 즐거운 과정은 반드시 즐거운 결과와 연결된다. 애플 창업자 스티브 잡스(Steve Jobs)는 "인생의 점들은 연결되어 있다"고 말했다. 반드시 기억하자. 불행한 예감이 틀리지 않듯, 행복한 예감도 '결코' 틀리지 않는다.

소시오패스 상사와 잘 지내는 법

'미국 하버드대 재학생'과 '보스턴 빈민가 청년' 중 누가 더 행복하고 건강한 삶을 살게 될까? 이들의 삶을 수십 년간 추적한 매사추세츠 종합병원 정신과의사 월딩어(Robert Waldinger)는 마침내 답을 얻었다.

"행복을 정하는 결정적 요인은 부, 명예, 학벌이 아니다. 행복하고 건강한 노년은 사람들과의 관계에 달려 있다."

행복의 가장 중요한 요소는 '따뜻하고 의지할 수 있는 인간관계'였다. 그리고 그 인간관계가 정신적 행복뿐 아니라 신체적 건강에도 도움이 된다고 한다. 또한 "50대 때 인간관계 만족도가 높았던 사람들이 80대에 가장 건강했다"고도 전했다.

행복의 조건 중 인간관계는 빠지지 않는다. 우리는 관계 속에서 살기 때문이다. 인간관계는 인생에서 중요하지만, 따로 공부하지는 않는다. 누가 가르쳐주지도 않고, 스스로 배우려고 하지 않는다. 서점에 나와 있는 인간관계서에도 큰 관심이 없다. 대개 사는 과정에서 자연스럽게 습득하는 것이라 생각하기 때문이다. 성장하면서 배우는 경험적 학문이라 믿고 있다.

그래서 우리는 늘 초보인 것이다. 인간관계에 대한 지식과 정보 없이, 자신의 경험에 비춰 사람과의 관계를 유지하고 있다. 그 경험이 관계의 기준이 된다.

과거의 기억이 미래의 관계를 결정한다. 과거의 상처와 트라우마가 지금의 관계에 영향을 미친다. 그 상처를 치유하기 위해서는 상처를 준 상대를 인정하고 용서하는 과정이 필요하다. 용서는 쉽지 않다. 하지만 고통에서 벗어나기 위해 반드시 필요하다.

용서는 도덕적이고 윤리적인 의무감을 위해 하는 게 아니다. 과거로부터 자유로워지기 위해 필요하다. 현재의 관계도 치유하고, 미래의 발걸음도 가벼워지기 때문이다. 과거의 상처는 우리를 그 자리에 머물게 한다. 학창 시절 상처받은 사춘기 소녀가 성인이 되어서도 10대의 모습에 머무는 이유다.

해결되지 않은 내면의 상처는 '뿌리 감정'이 된다. 그 뿌리가 내 삶에 어두운 열매를 맺고 있다. 불평하고, 불만을 지니고, 불안한 관계는 그렇게 자리 잡는다.

　나와 남의 관계는 사실 나와 나의 관계가 표현된 것이다. 내 안에 상처받은 뿌리 감정이 그를 통해 표현되는 것이다. 세상은 나의 내면이 투영된 것이고, 그는 내 안에 두려움을 느끼게 해주는 역할 수행하고 있다. 내가 그와 대화하는 것처럼 보여도, 사실 나는 나의 이야기를 하고 있다. 상대를 거울삼아 나의 뿌리 감정을 드러내고 있다. 이것이 인간관계의 핵심이다.

인간관계는 타인이 아닌 자신과 맺는 관계다

　우리는 말과 행동을 통해 타인과 관계를 맺는다. 생각을 말로 전달하고, 말은 행동이 되어 실천으로 옮겨진다. 결국 내 생각이 관계의 핵심이다. 생각에 대한 반응이 말과 행동을 통해 타인과의 인간관계를 맺는다. 하지만 이 생각이 내 생각이 아니라면 나는 관계의 주도권을 가지고 있다고 말할 수 있을까?

　생각은 내가 만드는 게 아니다. 앞서 여러 번 말했듯 생각은 '무의식'이 올라온 것이다. 생각은 내 자유의지로 만드는 게 아니라, 내 무의식에 있는 생각 씨앗이 발아하는 것이다. 나는 그 생각을 라디오처럼 그냥 수신할 뿐이다. 그 수신된 생각을 나의 말과 행동으로 전달하고 있다. 말과 행동은 의식적으로 하는 게 아니라, 지극히 본능적이고 무의식적인 반응일 뿐이다.

우리는 스스로 자유의지를 가진 인간이라 생각하지만, 사실은 반응(reacting)하는 존재이지 행동(acting)는 존재가 아니다. 내 안에 박혀 있는, 해결되지 못한 사춘기 소녀가 타인을 거울삼아 말과 행동을 하고 있다. 그 말과 행동을 통해 내면을 투사 중이다.

배를 타셨던 아버지는 늘 술을 마셨다. 아침마다 식탁 위에는 소주를 가득 채운 큰 유리잔이 있었다. 붉게 상기된 얼굴과 떨리는 숟가락, 초점을 잃은 눈이 아버지의 아침 모습이었다. 유리잔을 한 번에 비우고 나면, 아버지는 소리를 지르셨다. 뭐가 그렇게 화가 나셨는지 아버지는 어머니에게 소리를 지르며 이성이 아닌 본능으로 행동했다. 그때마다 어머니는 나를 작은 방에 넣고 문을 닫았다. 6살의 나에게 유리잔은 공포와 두려움, 폭언과 폭력의 상징이었다.

아버지와 이혼하고 어머니와 둘이 살 때도 우리 집에는 유리잔이 없었다. 아버지의 상징과도 같았던 유리잔은 부엌에도 거실에도 식탁 위에도 없었다. 그 어디에도 유리잔은 없었다. 엄마에게도 유리잔은 두려움의 대상이었다.

대학에 입학하고 신입생 환영회 때 유리잔에 소주를 부어주는 선배가 지금도 생각이 난다.

"너네도 이제 성인이니 술 한잔해라. 의과대학은 환영회 때 무조건 글라스다. 원샷!"

공포와 두려움의 유리잔은 그렇게 나에게 돌아왔다. 그리고 나는 그것을 한 번에 마셨다. 마실 수밖에 없는 상황과 스스로에 대한 용기가 원샷이라는 결과를 만들었다. '이까짓 게 뭐라고 내가 그렇게 무서워했지'라는 생각과 '나도 이제는 유리잔의 공포에서 벗어나자'라는 호기까지 더해졌다.

다음 날 나는 응급실에 입원해 수액과 주사를 맞았다. 하루 종일 속이 뒤틀리고, 세상은 빙빙 돌았다. 손발에 힘이 없고, 눈은 초점을 잃었다. 3일을 토하고, 물도 못 마시는 상황에서 '이러다 죽는 게 아닌가'라는 생각마저 들었다. 그러다 눈앞에 놓인 유리잔이 보였다. 시원한 물로 채워진 그 유리잔을 보고 나는 다시 화장실로 향했다. 여전히 나에게 유리잔은 공포의 대상이었다. 6살에 봉인된 유리잔의 두려움이 또다시 나의 현실에 펼쳐진 것이었다.

유리잔의 공포가 사라진 건 몇 년이 지나, 무의식에 대한 깨달음이 찾아오면서다. 아버지가 폭언과 폭행을 행사하면서 매개체로 삼은 유리잔은 그의 뿌리 감정을 표현하기 위한 것이었다. 스스로에게 봉인된 공포와 두려움을 경험하기 위해 그렇게 행동한 것이었다. 엄마와 나에게 말하고 행동하듯 보여도, 사실 그는 자신의 뿌리 감정을 스스로 경험하고 자신의 스토리를 이야기하고 있었다. 대화하는 듯 보여도, 스스로의 감정을 독백하고 있었다. 어린 시절 자신의 상처를 스스로 경험하고 있었다.

그 깨달음이 찾아왔을 때, 나는 눈물이 났다. 이미 돌아가셨지만 그도 자신의 뿌리 감정을 해결하지 못한 채 우리와 이별했다. 그렇게 보였을 뿐, 그도 상처받은 사춘기 소년의 트라우마를 표현하고 있던 것이었다.

되돌아보면 우리를 힘들게 했던 모든 관계는 다 그들의 말과 행동을 통해서다. 부정적으로 각인된 그의 모습은 어떤 말도 곱게 들리지 않게 한다. 관계가 틀어지면 상대는 두려움의 대상이자, 분노와 복수의 대상이 된다. 하지만 그도 두려움에 떨고 있는 미약한 아이일 뿐이다. 어린 시절, 학창 시절, 사회 초년생 시절, 해결되지 못한 그만의 상처를 간직하고 있다. 그 상처를 당신을 통해 표현하고 있을 뿐이다.

본능적으로 '나는 이런 상처가 있어요. 이런 두려움이 있어요. 인간관계에 대한 어려움이 있어요'라는 이야기를 하고 있는 것이다. 이것이 핵심이다. 그들은 자신의 감정을 '남에게 전달'하는 게 아니다. 그들은 자신의 감정을 '스스로 경험'하고 있다.

내가 행복하면 남에게 상처 주지 않는다

남에게 상처를 주는 것은 나에게 상처가 있다는 반증이다. 상처와 두려움이 말과 행동을 통해 나타나게 된다. 내가 두려울 때, 상대를 두렵게 해서 자신의 두려움을 경험하는 것이다. 남을 거울로 삼아 내 상처를 경험하고 있다.

당신을 힘들게 하는 직장 상사도 우리 아버지와 같은 독백을 하고 있다. 그리고 그 독백은 당신도 하고 있다. 그러니 그 독백에 상처받지 말자. 마치 모노로그(monologue, 배우가 혼자 하는 극의 대사)를 보듯 그의 연기를 바라보면 된다. 자신의 감정을 경험하는 그를 관객의 눈으로 바라볼 때, 우리는 관계에 대한 또 다른 시선을 갖게 된다. 그 시선으로 지금의 그를, 지금의 나를 바라볼 때, 그를 용서하고 그를 의심한 나를 용서하게 된다. 그 용서는 윤리적 의무감이 아니다. 깨달음을 통한 자연스런 허용이다.

예전에는 모임이나 동문회에서 선배의 권위를 보여주고 분위기를 띄우기 위해 종종 큰 유리잔에 다 같이 술을 마셨다. 하지만 요즘은 소주를 유리잔에 먹지 않고 후배들에게 권하지도 않는다. 유리잔에 대한 공포가 없기 때문에 그 두려움을 덮기 위한 호기도 부리지 않는다.

자신의 상처를 유리잔으로 보여줬던 아버지의 모습만 희미하게 남아 있다.

나를 술병으로 며칠간 고생하게 만들었던 그 선배는 어떻게 지내고 있을까? 미웠던 선배가 가끔 궁금하기도 하다. 미움과 분노의 대상이 그리움과 추억의 대상이 되었다.

"그 선배, 지금 대학교수 하고 있더라."

입가에 웃음이 맺힌다. 아련한 스무 살의 추억이 떠오른다. 그렇게 무서웠던 선배도 그저 철없는 20대였을 뿐이다. 사실 그도 상처받은 사춘기 소년이었을 뿐이다. 그리고 그도 자신의 상처에서 벗어나길, 두려움에서 벗어나 자유로워지기를 기도해본다. 언젠가 웃으며 다시 뵐 날이 있기를.

당신은 이미 완전하다

가평으로 병원 직원들과 1박 2일 여행을 갔다. 명목은 MT였지만, 거의 마시고 토하는 여행이었다. 펜션에 도착 후, 다 같이 물놀이를 하고, 게임도 하고, 바비큐도 구워 먹었다. 펜션에서 먹는 숯불 위 목살은 그야말로 환상이다. 낮부터 이어진 술자리는 늦게까지 이어졌다.

"원장님, 마지막은 라면이죠. 라면에 소주 한잔 더 하고 주무세요."

"나는 푹 삶은 라면 좋아해. 오래 익혀줘. 덜 익은 라면은 싫어"라고 했지만, 술 취한 그들에게 들리지 않았다. 얼마 지나지 않아 내 앞에 꼬들꼬들한 라면이 놓였고 순식간에 소주 다섯 병이 비워졌다.

당신은 어떤 라면을 좋아하는가? 20~30대의 젊은 친구들은 면발이 살아 있는 꼬들꼬들한 라면을 좋아한다. 면이 퍼질까봐 중간중간에 젓가락으로 확인도 한다. 그런데 나를 포함한 나이 든 중년들은 대개 푹 삶은 라면을 좋아한다.

특히 나는 그렇다. 어릴 때부터 내게 라면은 귀했다. 라면 하나를 아껴 먹느라 반 개씩 나누어 먹었다.

라면을 푹 삶으면 면이 퍼져서 양이 많아졌다. 거기에 남은 밥 반 공기를 말아서 먹으면 배 터지도록 먹을 수 있었다. 퍼진 면과 밥알이 섞이면서 라면은 죽처럼 변했다. 나는 항상 그 '죽 라면'을 먹었다. 그렇게 배를 불렸다. 그 추억과 습관이 몸에 각인된 기록처럼 남아 나의 라면 레시피는 면이 푹 퍼진 것이었다.

라면이 덜 익으면 나는 조금 더 익힌다. 한 3분 정도 더 익히면 나에게 완벽한 라면이 된다. 하지만 우리 직원들에겐 전혀 아니다. 그들에게는 덜 익은 꼬들꼬들한 라면이 완벽해 보인다.

'이제 됐어, 딱 완벽해!'

나에게 부족한 라면이 그들에게는 완벽하다. 반면 나에게 꼬들꼬들한 라면은 전혀 완벽하지 않다. 아직 부족해서 더 익혀야 한다. 하지만 덜 익은 라면도 라면으로서는 완전하다. 완벽하진 않지만, 라면으로서 완전하다. 완전은 존재의 본질을 말하기 때문이다. 완벽한 라면은 아니지만, 라면이라는 본질에서는 벗어나지 않았다. 라면이 익지 않았다고 짜장이라 부르진 않는다.

완벽은 충족의 차원이고, 완전은 존재의 차원이다.

당신은 어떠한가? 당신은 완벽한 존재인가? 목표에 부합하는 삶을 사는가? 성공의 조건에 충족하는 인생을 만들고 있는가? 절대 그렇지 않다. 완벽한 인생은 존재할 수 없다. 인간은 욕망의 동물이다. 욕망은 절대로 충족할 수 없고, 충족하기 위해 존재하는 것도 아니다.

욕망이라는 무의식은 우리의 고정관념이다. 절대 사라지는 게 아니다. 오히려 그 자리에 고정되어 죽는 순간까지 나와 함께한다. 고정관념의 힘이다. 따라서 욕망의 충족은 욕망의 해소로 이어지지 않는다. 욕망이라는 관념은 충족의 과정을 통해 스스로 해소되어 사라지길 원치 않기 때문이다. '욕망의 충족'이 또 다른 '욕망의 추구'로 이어지는 이유다. 성공과 행복, 그 조건들을 나열하고 열거해도 그것이 절대로 해결되지 않는 이유이기도 하다. 조건의 충족은 같은 극을 보는 자석과 같다. 다가갈수록 멀어진다.

완벽한 인생은 없다

우리는 완벽하지 않다. 하지만 완전한 존재다. 미완벽이 우리를 완전함으로 이끈다. 세상은 완벽하지 않기 때문이다. 오늘이 미완벽하기에 내일도 미래도 완벽하지 않다. 우리의 세상, 인생, 그 모든 것이 미완벽이다. 이 미완벽의 시공간에서 우리는 완벽으로 존재할 수 없다. 완벽이라는 환상을 좇고 있는 완벽한 망상만이 존재할 뿐이다. 우리는 미완벽한 세상에 존재하는 완벽한 미완벽이다. 그래서 그 자체로 완전하다.

우리는 완벽한 존재가 아니다. 그래서 목표를 향해 나아가고 결과를 추구하려고 한다. '결과 중심적인 삶'은 그렇게 펼쳐진다. 욕망을 추구하는 삶, 조건에 충족하려는 삶은 자신을 완벽에 넣으려는 환상에서 비롯된다. 불가능한 것을 가능하게 만들려고 하기 때문에 우리는 애쓰면서도 부족하고, 열심히 살지만 두려운 것이다. 애쓰고 열심히 살지만, 노력이 결과로 이어지지 못한다. 늘 그 자리에 머물러 있다.

자신의 완전함을 믿자. 우리는 이미 완전한 존재다.

그러면 과정을 추구할 수 있다. 지금 내 앞에 펼쳐진 것의 의미와 가치를 찾을 수 있다. '지금'이라는 '과정'은 과거 내가 그토록 원했던 '결과'로 가는 '통로'임을 알게 된다. 그리고 '지금 이 순간'은 그 결과를 위한 완벽한 과정임을 알게 된다. 그러면 우리는 오늘을 즐길 수 있다. 그 즐거움 속에서 오늘을 끌어안을 여유가 생긴다.

오늘의 허용, 그 허용은 과정이라는 통로를 허락하는 것이다. 미래를 스스로 허락할 때 그 결과를 받을 수 있다. 그리고 결과의 허락은 곧 과정의 허용을 의미한다. 내 현실을 거부하면 내 미래도 거부된다. 반대로 나의 오늘을 즐기며 허락할 때, 세상은 그 과정과 연결된 즐거운 미래를 펼쳐낸다. 과정과 결과는 연결되어 있다. 그래서 즐거운 오늘은 즐거운 내일과 연결되지만, 열심히 사는 오늘은 열심히 살아야 하는 미래와 이어지는 것이다. 항상 열심히 사는 인생이 펼쳐지는 이유다.

결과 중심적으로 살지 마라. 그것은 욕망 추구의 삶이다. 욕망의 추구는 완벽을 위한 삶의 길이기에, 미완벽한 세상에서는 충족될 수 없다. 욕망을 충족한다는 것은 생각이 아닌 망상이며, 이성적인 사고가 아닌 타성에 젖은 고집이다.

'자신의 생각을 믿지 말고, 세상을 믿어라.'

그 세상이 제공하는 '지금 여기'를 즐기며 살아라. 이것이 '과정

중심적 삶'이고, 의미와 가치를 찾아가는 삶이다. 가치의 추구는 이미 완전한 당신의 새로운 발견이다. 나의 또 다른 모습을 발견하고 그것을 즐기는 과정이다. 그렇게 살면 된다. 결과만 바라보고 애쓰며 살지 마라. 오늘 하루 즐겁고 쉽게 살면 그뿐이다. 그 과정에서 성장하고 나를 둘러싼 세상이 변하게 된다.

요즘 언론사나 방송사에서 인터뷰 요청을 많이 해온다. 강의 요청도 많다. 그럴 때마다 스스로 질문한다.

'어떻게 하면 좀 더 쉽고, 즐겁게 해볼까?'

쉽고 즐겁게 해야 잘하게 된다. 잘하려고 하면 잘하지 못한다. 그 잘하려는 무게가 완벽이라는 환상을 만들기 때문이다.

많은 이들이 행동하지 못하고 변하지 못하는 이유는 하나다. 너무 잘하려 하기 때문이다. 잘하려 하기에 못하게 된다. 그리고 못할 것 같아, 시도조차 안 하게 된다. 그리고 그 안 하는 습관이 계속 안 하는 인생을 만든다. 뼈 때리는 말인가? 하지만 대부분의 사람들은 이 패턴에서 벗어나지 못한다. 그러니 너무 잘하려 하지 마라. 그냥 하면 된다.

인생도 그렇다. '잘'하려고 하지 말고, '즐'기려고 해라. 그러다 보면 알게 된다. 그냥 즐겁게 살았을 뿐인데, 열심히 산 과거보다 훨씬 더 많은 걸 이루었다는 것을. 그 경험이 당신을 자유롭게 해줄 것이다. 당신이 이미 완전한 존재임을 알게 될 것이다. 부족함이 있어야 그것을 채우는 즐거움이 있는 것이다.

20대까지 찢어지게 가난했지만, 그 결핍감이 돈에 대한 가치를 알게 해주었다. 돈이 주는 풍요와 여유, 뿌듯함과 따뜻함을 누구보다 절실히 깨닫게 되었다. 그것은 나이 들어 알게 된 것이 아니었다. 배고팠던 어린 시절의 나도, 고시원에 살던 나도 알고 있었다. 배고픔이 있어야 라면이 맛있는 것이다.

풍요만 추구하고, 풍요만 펼쳐지는 인생은 존재하지 않는다. 그 환상에서 벗어나라. 완벽은 없다. 그 미완벽이 당신이고, 당신이 있는 세상이다. 그렇기에 당신의 삶은 완전하다. 완전은 완벽와 미완벽을 이미 품고 있다. 그 삶을 응원한다. 아직 덜 익은 당신의 삶, 그 삶을 사랑하라. 이미 그 자체로 완전하다.

3장

매일 조금씩
나를 성장시키는
습관

책은 몸으로 읽는 것이다

2% vs 88%

부자와 가난한 사람의 차이를 극명하게 보여주는 수치다. 무엇을 나타내는 숫자일까? 바로 독서 습관이다. 《부자 습관》의 저자토마스 C. 콜리는 223명의 부자와 128명의 가난한 사람을 대상으로 습관 조사를 했다. 그 결과 두 그룹의 괴리가 가장 큰 항목이 바로 '하루 30분 이상 책을 읽는다'였다. 부자의 88%가 하루 30분 이상 책을 읽지만, 가난한 사람은 2%만 읽었다. 여기에 재미난 결과가 또 있다.

조사에 임한 가난한 사람의 26%는 '책 읽는 것을 좋아한다'라고 답한 것이다. 26%가 독서를 좋아하지만, 그중에 2%만 책을 읽고 있다. 좋아하는 것을 실천하지 않는다. 이유가 무엇일까? 바로 독서 습관 때문이다.

부자들은 독서가 일상이다. 숨을 쉬듯, 밥을 먹듯 그들은 책을 읽는다. 살기 위해 먹는 것처럼 살기 위해 독서를 한다. 습관의 힘이다. 습관은 한번 들이기 쉽지 않지만, 습관이 된 일상은 하지 않으면 어색하다. 그 찝찝함에 나도 모르게 책을 펼친다.

부자가 되기 위한 첫 번째 기본기, 독서에 대해 알아보자. 책은 목표가 아닌 수단이 되어야 한다. 책은 다 읽어야 하는 대상이 아니다. 책은 나를 움직이게 하는 도구다. 독서는 종이에 박힌 활자를 읽는 게 아니라, 그 활자가 내 언어로 변해가는 과정이다. 작가의 생각을 해체하고, 나의 생각을 해체하여 새롭게 편집하는 시간이다. 그 과정에서 내 생각이 바뀌고 나의 말이 달라지게 된다. 나만의 새로운 언어, 메터드(metord, meta와 word를 합친 말)가 생기기 때문이다. 나의 메터드는 내 세상과 주변을 변하게 한다. 세상은 언어로 이루어져 있고, 내가 쓰는 언어에 따라 나의 세상은 바뀌기 때문이다. 언어로 채워진 세상, 그 세상 속에서 나도 언어로 물들고 있다.

평소 어떤 단어를 자주 사용하는가? 그 단어가 당신의 세상을 만들고 있다. 그것을 풍성하게 채우고, 변화시키는 힘이 바로 독서다. 풍요의 말과 결핍의 언어는 이 차이에서 비롯된다. 부자와 가난한 사람의 차이가 독서라는 것은 당연한 이치다.

독서의 빈부격차가 경제적 빈부격차를 만든다. 그리고 이 격차는 양극화로 이어진다. 그래서 독서 습관은 부자의 기본 습관이다. 지금부터 알려주는 방식으로 독서 습관을 바꿀 수 있을 것이다.

부가 쌓이는 독서 습관

먼저 자신의 관심 분야가 뭔지 생각해보자. 적어도 한두 개 정도는 있을 것이다. 그것과 관련된 책 4권을 사라. 온라인으로 사지 말고, 직접 서점에 가서 사라. 서점의 공기가 주는 묘한 느낌이 있다. 그곳에서 책을 고르고, 글을 읽으며, 책에 몰입한 사람들을 보자. 그리고 그 공기와 온도를 마음으로 느껴라. 인터넷으로는 느낄 수 없는 책의 향기다. 최소 일주일에 한 번은 서점에 가서 한 권을 사서 읽자. 그게 시작이다.

이제 책을 샀으면 그 책을 뿌려야 한다. 소파, 책상, 식탁, 화장실, 컴퓨터 앞, 거실 바닥, 화장대 등 삶의 모든 공간에 책을 두자. 책은 책장에 꽂아 두는 게 아니다. 책은 손 닿는 곳에 있어야 한다. 그러면 펼치게 된다.

책은 펼치는 것이다. 펼치면 읽게 되고 지속하게 된다. 관성의 법칙이 있어서다. 딱 9초만 보기 위해 책을 열면 어느새 5~10분이 스르륵 지나간다. 이때 안구 운동도 중요하다. 적극적으로 눈을 이동하며 책을 읽어야 한다. 눈이 한곳에 머물 때 집중도는 떨어지고, 몰입감도 줄어든다. 눈을 적극적으로 이동하며 단어 여러 개를 통으로 읽는 습관을 가져야 한다.

어느 정도 읽고 나면 책을 들고 책상으로 자리를 옮긴다. 그리고 펜을 들고, 노트북을 켜고, 30분 알람을 설정한다. 본격적인 독서의 시작이다. 지금부터는 써야 한다. 작가의 말을 나의 기준에서 한번 생각해 본다. 과연 그럴까? 과연 작가의 말이 맞을까? 내 생각을 정리해본다. 그리고 3~4개의 키워드로 요약한다.

글 문구 중 내 마음에 생채기를 내거나, 머리를 도끼로 찍힌 듯한 부분을 발견하면 네모박스로 표시하고 책장 모서리를 접어둔다. 그리고 중요도에 따라 별표를 달아둔다. 포스트잇에 그 문장을 메모한다. 곧 한 장의 포스트잇에 내용이 꽉 찬다. 그러면 그것을 떼어 화장실 거울 혹은 사무실 모니터에 붙여둔다.

시간이 지나 알람이 울리면 책을 덮는다. 모니터 화면에서 나를 기다리고 있는 커서를 바라본다. 얼른 글을 써달라고 반짝이고 있다. 이제 작가의 키워드와 나의 키워드로 정리된 글을 모니터에 옮겨본다. 조금 전에 정리한 내용인데, 이상한 일이 벌어진다. 글을 쓰다 보면, 전혀 다른 내용의 글이 써지게 된다. 그 잠깐 사이에 의식이 확장되었기 때문이다.

생각의 방식이 몇 초전, 몇 분 전과 다르게 작동되고 있음을 알게 된다. 그렇게 글을 쓰다 보면 10분이 훌쩍 지나간다. 그 글을 블로그나 인스타그램 혹은 노트북에 저장한다. 블로그가 없다면 지금 하나 만들자. 돈이 드는 것도 아니다. 꼭 누구를 보여주기 위한 것은 아니지만, 지식의 유희는 자신에게 상당한 즐거움을 준다.

지식과 지혜의 성장은 단순한 즐거움이 아니다. 그 이상의 가치로 우리에게 다가온다. 언어의 풍요로움이 생기기 때문이다. 그 풍요 속에서 세상은 다르게 펼쳐진다. 세상은 언어의 집이고, 그 집이 풍요로 채워질 때 당신은 부자의 길에 들어서게 된다.

마지막으로 그 글을 나에게 카톡으로 보낸다. 그 카톡창을 제일 상단에 배치해 놓으면 자주 볼 수 있다. 바쁜 현실에 지치고, 사람들에 치여 에너지가 바닥이고, 시간에 쫓겨 퇴근할 때 문득 창을 열고 내가 쓴 글을 읽는다. 한 글자 한 글자 읽으면서 감동하는 순간이 있다.

'와, 내가 쓴 글 맞아?'

당신만이 경험할 수 있는 색다른 시간이다. 그 시간이 기적이며 축복이다. 자신에게 감동하는 시간, 나를 신뢰하는 힘, 스스로에 대한 자신감은 여기에서 시작된다. 그 자신감이 당신의 존재가치를 높이는 최고의 자양분이다. 그것을 통해 힘든 일상을 이어가는 에너지를 얻는다. 이것이 바로 독서의 힘이다. 그러면 우리는 읽게 된다. 그리고 쓰게 된다. 그렇게 독서는 일상이 된다.

그 반복 속에서 몸에는 관성이 생긴다. 2%가 아닌 88%의 리그에 접속하게 된다. 그래서 책을 읽어야 한다. 습관이 된 현실은 나도 모르게 내 세상을 바꾸고 있다. 습관이 된 생각이 나의 무의식에 저장되고, 그 무의식은 삶을 바꾸기 때문이다.

책은 다가가고, 펼치고, 쓰고, 저장하면서 읽어야 한다. 책은 눈으로 보는 게 아니다. 책은 발로 다가가, 손으로 펼치고, 눈동자를 움직이고, 펜으로 쓰고, 노트북에 입력하고, 카톡으로 감동하는 것이다. 그때 비로소 알게 된다. 책은 몸으로 읽는 것이다.

체력은 모든 것을 바꾼다

"원장님은 스트레스 받을 때 어떻게 하세요?"

내가 자주 받는 질문이다. 친구와 선후배, 다양한 지인들이 궁금해한다. 그리고 한 마디 더 던진다.

"너는 인생에 큰 고민이 없는 것 같아."

당신은 스트레스를 어떻게 해결하는가? 나도 삶에 고민이 많다. 인생의 큰 위기가 찾아올 때도 있었다. 사실 출생과 함께 고통이 시작되었다. 당신이 기억하는 가장 어린 시절이 몇 살인가? 나는 4~5살 때부터다. 그때 아버지는 매일 술을 드셨다. 아침 식사를 할 때마다 함께 드셨던 소주향이 내 인생의 첫 기억이다. 6살 때 어머니는 아버지와 이혼하셨고 나를 데리고 나와 작은 창고 같은 방에서 지냈다. 그 방에는 시멘트 냄새와 곰팡이 향이 났다. 라면 냄새로 그 공간을 채울 때 나는 가장 행복했다.

철학자 쇼펜하우어는 '삶은 고통과 권태를 오가는 시계추와 같다'고 말했다. 누구나 삶의 고통과 괴로움이 생긴다. 그 고통이 발생했을 때, 우리는 그 아픔이 빨리 잠잠해지기를 바란다. 괴로움이 멈추고, 마음의 동요가 사라지길 바란다. 그러다 시간이 지나고 고통이 잠잠해지면 우리는 이내 지루해한다. 그 잠잠함이 주는 지루함이 싫어서다. 권태로운 하루가 지겹게 느껴진다. 우리 삶의 모습이다. 고통과 권태가 반복되는 일상이다.

나도 그 삶의 틀 안에서 살아간다. 다만 나는 그 고통과 권태를 받아들이는 힘이 생겼다. 고통과 하나가 되고, 권태와 동일시되는 게 아니다. 고통을 알아보고, 권태를 음미하는 여유가 생긴 것이다. 그것이 바로 시선의 힘이다. 고통과 권태와 떡이 되는 것이 아니라, 그것이 나에게 나타났음을 알아차리는 힘이다. '아, 내가 부정적 느낌과 하나가 되려고 하는구나'라는 것을 아는 능력, 그것이 시선의 힘이다. 그 눈이 나를 보고 있을 때, 나는 고통과 괴로움을 다룰 수 있다. 그것을 허락하고 경험하고 흘려보내게 된다. 그 시작이 운동이다.

인생의 시련과 역경은 누구나 겪는다. 성공했다고, 돈이 많다고, 마음공부를 했다고 힘든 일이 없는 게 아니다. 스님, 목사님, 신부님 등의 종교인이 성직자 길을 간다고 생로병사가 사라지는 것이 아니다. 다만 마음공부를 하면 장점이 있다. 삶의 생로병사가 사라지는 것은 아니지만, 그 생로병사의 고통에서는 벗어날 수 있다. 고통과 괴로움을 한걸음 뒤에서 음미할 수 있기 때문이다. 그 힘이 운동이다.

어떤 어려움이 닥쳤을 때, 우리를 힘들게 하는 것은 그 상황과 사건이 아니다. 잘 살펴보면 눈앞의 사건보다 그 사건을 판단하는 내 생각이 나를 힘들게 한다. 생각이 꼬리에 꼬리를 물고 이어진다. 그 생각들은 대부분 부정적이다. 그리고 부정적 느낌과 감정을 동반한다.

불평, 불만, 불안의 3불을 일으키고 분노, 공포, 우울로 이어진다. 그 생각, 감정, 느낌이 나타날 때 우리는 생각에 빠지고, 감정과 하나가 되며, 우울의 늪에서 허덕인다. 생각 지옥에 빠지는 순간이다. 부정적 생각은 끊임없이 이어지고 우리는 잿더미가 될 때까지 활활 타오르게 된다.

고통과 괴로움은 정신력으로 극복하는 게 아니다. 체력으로 극복해야 한다. 운동해본 사람들은 안다. 매일 아침에 운동하고 출근을 하면 하루가 달라진다. 출근길이 달라지고, 아침 풍경이 달라진다. 몸이 가벼우면 마음이 가벼워지고 발걸음도 가볍다. 표정은 밝고 여유가 있다.

반대도 성립한다. 몸이 무거우면 마음도 무겁다. 출근길이 지옥이다. 표정도 우울하고 긴장하게 된다. 무거운 몸이 마음마저 누르고 있다.

운동을 하면 몸이 상쾌해진다. 그러면 마음은 유쾌해진다. 가벼운 몸이 주는 즐거움이 있다. 그 즐거움이 마음으로 이어진다. 몸과 마음은 연결되어 있기 때문이다. 마음이 유쾌해지면 우리의 시선은 명쾌해진다. 세상을 보는 눈이 선명해지고, 순간적으로 나를 바라보는 시선이 생긴다. 마음의 눈이 떠지기 때문이다.

뇌과학적으로 볼 때는 ASPA(Amygdala Stabilization PFC Activation)를 통해 시선이 높아진다. 우리 뇌에 두려움을 느끼는 편도체(Amygdala)는 운동을 통해 안정화(Stabilization)된다. 편도체가 잠잠해지면 시선이 높아진다. 안구 위에 위치한 전전두엽피질(PFC) 부위가 활성화(Activation)되기 때문이다. 이 부위가 활발해지면 시선이 높아진다. 마치 안구 위에 위치한 PFC가 우리 눈을 위로 당기는 느낌이다. 대상에 대한 인식능력, 창의력, 통찰력이 좋아지기 때문이다.

그때 현실을 허용하는 능력이 생긴다. 나를 지치게 하고 힘들게 하는 일들도 한번 경험해 볼 여유가 생긴다. 명쾌한 눈을 지닐 때, 현실을 허용할 수 있다. 운동이 가지는 효과다. 운동은 근력 키우기 위해 하는 것이 아니다. 상쾌한 몸과 유쾌한 마음, 명쾌한 눈을 지니기 위해서다.

사무실에서 엄청난 스트레스를 받을 때, 어떤 문제가 해결되지 않고 계속 머릿속을 맴돌 때가 있다. 그럴 때 사무실에서 '머리 쓴다'고 해결되지 않는다. 밖으로 나가 '몸을 쓸 때' 해결된다. 바람 쐬고 산책을 할 때 스르륵 문제는 사라진다. 그 문제를 바라보는 또 다른 눈, 명쾌한 시선이 생기기 때문이다. 나도 재수할 때, 문제가 안 풀리면 밖에 나가 동네 한 바퀴를 돌았다. 그리고 앉으면 해답이 눈에 보이기 시작했다. 나를 보는 또 다른 눈이 생겨서다.

당신도 경험한 적이 있을 것이다. 헤어진 애인을 가장 잘 잊는 방법은 헬스장에서 미친 듯이 운동하는 것이다. 생각의 늪에서 벗어날 수 있기 때문이다. 운동할 때는 생각, 감정, 느낌과 떡이 된 자신을 놓을 수 있다. 행복한 삶의 기본기가 운동인 이유다.

스쿼트 하나, 팔굽혀펴기 하나, 계단 하나

운동하라는 이야기는 너무 진부하다. 누구나 알고 있다. 하지만 아무나 쉽게 하진 못한다. 방법을 모르기 때문이다. 운동은 하나만 하면 된다. 스쿼트 하나, 팔굽혀펴기 하나, 계단 하나. 이 '하나'가

중요하다. 그 이후는 계속하게 된다. 인간은 관성의 동물이기 때문에 그 이후는 계속하게 된다.

지금 것을 유지하려는 성질, 이것은 인간이 가진 가장 기본적인 본능이다. 변화를 두려워하고, 변화를 위협으로 느끼는 우리의 무의식, 그 무의식을 이용하는 것이다.

'운동해야지'라고 생각하면 몸이 무거워진다. 생각은 운동을 방해하는 최고의 짐이다. 대부분 사람이 운동하지 않는 이유는 하나다. 운동하겠다고 다짐하기 때문이다. 그 다짐이 우리의 짐이 된다. 나를 무겁게 하고 움직이지 않게 한다. 그 생각 전에 스쿼트를 하나 해야 한다. 그러면 하게 된다.

책상이 보이면 모서리를 잡고 팔굽혀펴기를 하나만 해보자. 어느 순간 30개 하는 자신을 발견한다. 계단도 마찬가지다. 엘레베이터 옆에는 항상 계단이 있다. 그 계단을 하나만 올라봐라. 그러면 내가 원하는 층에 도달해 있다. 그 하나가 전부다.

우리 생각의 90% 이상은 '부, 무, 반'이다. 부정적인 것, 무의미한 망상, 그리고 이 둘의 반복이다. 창의적이고 건설적인 생각은 거의 없다.

운동할 때도 마찬가지다. 운동해야지 마음먹는 순간, 운동하면 안 되는 이유 10가지가 스르륵 떠오른다. 지금 운동 가야지 다짐해도 마찬가지다. 갑자기 운동화가 더러워 보이고, 트레이닝복이

더러워 보인다. 산책할까 생각하면 비 오지 않을까 걱정한다.

그럴 때 필요한 게 먼저 하나를 하는 거다. 멍하게 있을 때 급하게 스쿼트 하나, 엘레베이터 버튼을 누르고 기다리는 동안 계단 하나만 올라보자. 그 하나가 당신의 인생을 바꿔줄 것이다.

그래도 쉽지 않다면, 내가 하는 팁을 알려주겠다. 아침에 일어날 때, 스쿼트 하나 할 때, 책의 첫 장을 펼칠 때 아주 유용하다. 생각의 간섭을 일으키지 않고 행동하는 방법이다. 바로 무산소행위, 3A(AnAerobic Activity)다. 숨을 참고 행동하는 것이다. 뇌에 산소를 주지 않고, 생각의 참견 없이 행동하는 방법이다. 한번 해보자. 몇 초 지나지 않아 침대에서 일어나고, 스쿼트를 하나 하고 있으며, 책은 손에 있다. 숨은 그 후 쉬는 거다.

나도 방금 팔굽혀펴기 50개를 했다. 막힘없이 글이 잘 써지는 이유다. 역시 몸을 써야 상쾌하고, 유쾌하고, 명쾌해진다. 머리보다 몸을 움직여야 한다. 하나만 하자. 그 하나가 전부다. 삶의 기본기는 그렇게 익혀가는 것이다.

하루 3분 명상의 힘

성공하는 삶을 살기 위한 기본기가 있다. 독서, 운동, 명상이다. 이 3가지는 성공한 사람들 대부분에게서 발견할 수 있다. 물론 이것을 한다고 반드시 삶의 목표를 이루는 것은 아니다. 하지만 내가 원하는 인생을 펼치기 위해서는 꼭 필요하다. 부자와 가난한 사람의 차이를 보여주는 많은 연구에서도 확인할 수 있다. 이제는 잔소리처럼 들리기도 한다. 하지만 이것을 매일 하는 사람은 흔치 않다. 나는 매일 '1시간 독서, 1시간 운동, 3분 명상'을 하고 있다. 20년 넘은 나의 습관이다. 그중 명상에 대해서 알아보자.

'명상하라'라고 하면 떠오르는 이미지가 있다. 지리산 골짜기에 앉아 수행복이나 개량한복을 입고 수염을 기른 모습이다. 명상을 위해 어디론가 떠나야 할 것 같은 생각이 든다. 하지만 명상은 그렇게 하는 게 아니다. 명상은 눈 감을 수 있으면 어디서든 시작할 수 있다.

명상의 사전적 의미는 '눈 감고 깊이 생각하는 것'이다. 눈 감을 수 있다면 시작할 수 있다. 사전적 의미는 생각하는 것이지만, 사실 명상은 생각을 멈추는 것이다. 생각을 멈추고, 3번의 호흡과 함께 나를 바라보는 시간이 명상이다. 생각의 파도에서 벗어나 심연의 고요함으로 침전하는 게 명상이다. 하지만 생각을 멈추는 건 쉽지 않다. 생각을 멈추어야 한다는 생각이 또다시 '생각 멈춤'이라는 생각을 만들기 때문이다. 그럴 때는 생각의 자리를 호흡에 넘겨주어야 한다.

눈을 감고 호흡에 집중해보자. 코끝에 들어오는 공기의 흐름을 느껴본다. 코를 지나 비강과 연구개를 지나간다. 목과 가슴을 거쳐 배 속 깊숙이 호흡이 들어간다. 단전이라 부르는 배꼽 아래까지 부풀어 오르는 느낌이다. 들어온 숨은 온몸에 퍼지며 다시 제자리를 찾아간다. 들어온 경로를 따라 세상으로 돌아간다. 내 몸에 들어온 바람은 작은 흐름을 만들어 나와 하나가 된다. 그리고 그 하나 됨을 통해 나와 세상은 연결된다. 그 연결성을 통해 나의 존재를 느껴본다. 나는 세상과 연결된 존재다. 나는 세상이다.

이제 들숨의 시작과 끝을 느껴본다. 숨이 들어와 온몸에 퍼지고 다시 빠져나갈 때, 그 전환 시점을 느껴본다. 들숨과 날숨의 사이, 숨이 멈춰진 지점이 느껴진다. 호흡이 끊겨진 지점, '지식'의 자리다. 호흡이 사라진 자리, 그 순간을 느껴본다. 그 자리에 잠시 머물러 본다. 그러면 그 자리는 다시 호흡으로 채워지고 들숨과 날숨의 교차가 이뤄진다.

그 자리가 바로 우리의 호흡을 담는 자리다. 호흡은 그 자리에서 일어났다가 사라진다. 숨은 내가 쉬는 게 아니라 쉬어지는 것이다. 나를 바라보고 있는 수호천사가 나를 위해 숨을 일으키고 있다. 그가 바로 진정한 나다. 나를 바라보고 있는 진정한 나, '참나'와의 만남이다.

그가 바로 나의 수호천사다. 나를 숨 쉬게 하고, 내 심장을 뛰게 한다. 그가 나와 함께하고 하고 있다. 그 느낌을 간직한 채 이제 눈을 떠보자. 명상의 목적은 이거다. 생각의 늪에 빠진 나에게서 벗어나 또 다른 나를 만나는 것이다. 그리고 그가 만드는 세상에 내 삶을 내맡기는 것이다. 이것이 명상의 본질이다.

우리는 늘 생각한다. 생각의 늪에 빠져 있다. 한 연구에 따르면 사람은 하루 6200여 가지 생각을 한다. 생각이 꼬리를 물고 이어진다. 그 생각이 우리 인생 대부분을 차지한다. 하지만 인생은 생각대로 진행되는 게 아니다. 삶은 인연 따라 펼쳐진다. 한번 돌이켜보라. 인생이 생각대로 펼쳐졌는가? 계획대로 진행이 되었는가? 적어도 나는 그렇지 않다. 당신도 아마 마찬가질 것이다.

학창 시절 나는 의대에 갈 생각이 전혀 없었다. 내가 좋아하는 수학과 물리를 공부하고 싶었다. 좋아하는 로봇을 만들고 자동차를 만드는 게 꿈이었다. 기계공학과에 들어가서 교수가 되는 목표도 있었다. 심지어 포항공대 교수들의 생활을 보며, 나도 진심으로 포항에 살고 싶었다.

하지만 나는 지금 전혀 다른 일을 하고 있다. 강남에서 얼굴 살을 줄이고, 처진 살 올리는 일을 하고 있다. 평생 기계를 만지며 살려던 내가 얼굴을 만지며 살고 있다.

사는 곳도 마찬가지다. 포항에서 살려던 내가 지금은 서울에 살고 있다. 아무런 연고도 없는 이곳에 와서, 강남에 사는 게 막연한 성공이라 생각했다. 그래서 10년을 청담동에서 살았다. 그런데 지금은 성수동에 산다. 증권회사에 다니는 형님이 차 안에서 서울숲 이야기를 꺼냈다. 별생각 없이 들었던 그 아파트에 나는 지금 살고 있다.

당신과의 만남도 마찬가지다. 우연히 출연한 유튜브 채널에서 내가 언급한 책 《우리는 모두 죽는다는 것을 기억하라》가 역주행을 했고, 자기계발 분야 베스트셀러가 되었다. 그 출판사에서 출간

제안이 왔고, 이렇게 글을 통해 당신을 만나고 있다.

삶의 많은 부분이 마찬가지다. 내 생각대로, 계획대로 이루어진 것은 1%도 되지 않는다. 나머지 99%는 어떤 운에 의해서, 우연한 기회가 와서, 나도 모르는 인연이 펼쳐져 만들어진다.

우연히 가입한 연극반 동아리 '애드립'에서의 공연이 나를 의사로 만들어 주었고, 웃고 떠들던 차 안의 얘기가 서울숲에 살게 해주었으며, 유튜브 〈TV러셀〉의 출연이 한 권의 책으로 연결되고 있다. 세상이 이끄는 변화, 그 운이 나와 당신을 만들고 있다.

당신의 직업을 한번 생각해보자. 과연 그 직업을 학창 시절에 얼마나 원했는가? 지금의 모습을 10년 전에 계획했는가? 절대 그렇지 않을 것이다. 인생은 계획대로 되는 게 아니기 때문이다. 당신의 세상이 인연을 만들어 오늘을 펼쳐내는 것이다. 그 오늘이 내일로 연결되며 미래로 이어진다.

목표는 오히려 한계가 된다

얼마 전 한 언론사와 인터뷰를 했다. '돈'과 관련된 나의 철학을 묻는 내용이었는데, 첫 질문이 이거였다.

"원장님, 올해 목표가 있으세요?"

"저는 목표를 세우지 않아요. 살다 보니 늘 목표한 것 이상으로 이루어졌기 때문이에요. 목표를 세우는 건 저를 한계 짓는 것 같아요. 저는 목표 대신 미래의 무한한 가능성에 저를 놔두는 편이에요. 그러면 항상 더 큰 결과가 나를 찾아왔어요."

나도 과거에는 목표를 세우고 계획을 했다. 누구보다 철저하게 했다. 하지만 이제는 알고 있다. 인생의 큰 목표는 오히려 가장 큰 한계가 된다. 이제는 하루의 작은 성취에 즐거워하고, 세상에 나를 맡긴 채 가볍게 살아간다. 목표 없이 사는 것이 아니다. 오히려 나의 미래가 지금보다 훨씬 좋을 거라는 앎을 지닌 채, 누구보다 즐겁게 살고 있다.

'꼭 되어야 해', '이건 반드시 이렇게 되어야 해'라는 집착을 버리고 가벼운 마음으로 오늘을 채워간다. 오늘이 미래로 이어지는 과정임을 알면 즐겁게 그 삶을 채울 수 있다. 오늘이 즐거우면 미래도 즐겁지만, 오늘 열심히 살면 열심히 사는 미래가 펼쳐질 뿐이다.

생각과 계획은 내가 하지만, 결과는 세상이 만들고 있다. 그 세상을 믿고 지금 이 순간을 충실히 보내보자. 세상을 만드는 삶의 시선, 나의 무의식과의 만남이 바로 명상이다.

그러니 당신의 시선, 나의 수호천사를 자주 만나 그의 이름을 불러주어라. 그러면 알게 될 것이다. 그의 이름을 자주 불러줄 때,

그는 당신에게 다가와 풍요의 꽃을 피워줄 것이다. 꼭 그렇게 된다. 이제 눈을 감고 그를 만나라.

모닝 리추얼로 아침을 맞이하라

삶의 변화는 쉽지 않다. 늘 성장과 발전을 꿈꾸지만, 오늘은 어제와 똑같은 하루다. 일상이 주는 편안함이 오늘을 잠재우기 때문이다. 변화는 새롭고 낯설다. 새로운 것을 배워야 하고, 낯선 것에 적응해야 한다. 기존의 틀을 깨고 새로운 프레임으로 오늘을 살아야 한다. 그것은 어렵고 불편하다. 그래서 어제의 삶을 오늘도 살고 싶다. 어제의 기득권으로 내일의 나를 통제하고 싶은 거다.

하지만 변화는 이 기득권과의 단절을 요구한다. 어제의 내가 아닌 새로운 나를 요구한다. 그래서 쉽지 않다. 인간은 습관의 동물이고, 습관의 편안함은 우리를 중독시킨다.

회사도 마찬가지다. 습관의 안락함은 성장의 걸림돌이 되고, 변화의 허들이 된다. 과거의 성공이 변화의 짐이 되는 것이다. '승자의 저주'는 과도한 비용을 치를 때만 생기는 것이 아니다. 과도한 승리에 취해 있을 때도 발생한다.

하버드 경영학과 교수 테오도르 레빗(Theodore H. Levitt) 교수는 "지금 강력한 위치에 있는 산업치고 왕년에 성장 산업이라는 명성을 지니지 않은 산업은 없다. 그러나 그들은 이미 쇠퇴의 그림자 속으로 빠져들고 있다. 이것은 시장이 포화 상태라서가 아니다. 경영에 실패했기 때문이다"라고 말했다. 변화를 저버린 기업은 살아남을 수 없다. 개인도 마찬가지다.

우리 삶은 시간으로 이루어져 있고, 시간의 본질은 '변화'기 때문이다. 변하지 않는 일상은 정체를 의미하며, 정체된 삶은 도태를 초래한다. 결국, 일상이 변하고 삶이 변할 때 비로소 성장하게 된다. 성장하는 삶, 그 시작은 일상의 사소한 변화다.

내 삶의 작은 변화가 일상이 될 때 그 변화는 습관으로 자리 잡게 된다. 지속되는 관성이 나의 무의식을 파고든다. 무의식에 각인된 행동은 어느새 내 생활이 되고 편안함을 느끼게 한다. 이것이 습관의 원리다. 움직이지 않는 물체는 그대로 있으려 한다. 그러나 일단 구르기 시작하면 계속 구르려 한다. 그 '구름'이 우리를 '다름'으로 이끈다.

인생을 바꾸는 아침 습관 3가지

작은 행동의 변화로 무의식을 바꿔야 한다. 그 변화로 얻은 작은 성취가 우리를 움직이게 하고, 하루를 즐겁게 만든다. 이 좋은 느낌을 바탕으로 변화는 일상이 되고, 일상은 습관이 되며, 습관은 삶이 된다. 그 시작이 아침의 변화다. 당신의 아침 루틴을 바꿔보자.

가장 먼저 해야 하는 일이 침대 정리다.

아침에 일어나 이부자리를 정리해라. 부자의 첫 번째 관성이다. 사회경제학자 랜달 벨(Randall Bell) 박사는 그의 저서 《Me We Do Be》에서 '아침에 침대와 이불을 정리하는 사람은 부자가 될 가능성이 206% 높다'라고 말했다. 침대 정리로 대변되는 정리정돈이 부자 습관 중에 하나라는 이야기다. 〈뉴욕타임스〉 기자 찰스 두히그(Charles Duhigg)도 '아침에 침대를 정리하는 습관은 생산성과 행복에 긍정적인 영향을 준다'고 말했다.

밤새도록 나를 따뜻하게 보호해준 이불에 감사해보자. 그리고 즐겁게 정리해보자. 깔끔하게 정리된 이불이 주는 작은 뿌듯함이 있다. 그 작은 성취와 감사로 아침을 시작해보자. 오전의 기분은 오후로 연결되고 그 느낌이 하루를 채울 때, 또 다른 성취가 이어짐을 알게 된다. 나도 모르게 일상이 긍정으로 채색되고, 오늘을 기분 좋게 마칠 수 있다.

두 번째는 자신의 이름을 부른다.

자신의 이름을 넣어 '나의 ○○야', '나의 ○○아'라고 작게 불러보자. 나의 이름을 내 목소리로 부를 때, 그 음성이 주는 울림이 있다. 작은 방에서 울리는 그 소리는 사실 내 내면 깊은 곳에서의 목소리다. 심장을 뛰게 하고, 숨 쉬게 하는 진정한 나의 목소리다.

'나의 하영아, 네 덕분에 이번 생은 너무 행복해.'

그 '참나'와의 만남은 이 짧은 순간에 나타난다. 당신의 아침 습관은 어떠한가? 생각나는 아침 습관이 있는가? 의미 없이, 허둥지둥 보내는 아침 시간에 자신만의 루틴을 만들자. 그렇게 만든 아침 루틴에 의미를 부여하면 그것은 나만의 리추얼이 되고, 하루를 가치 있게 출발할 수 있다.

세 번째는 '아이는'이라고 말한다.

앞서 '아이는'이 가진 마법을 소개했다. 표정이 밝으면 긍정의 마음이 생기고, 표정이 어두우면 우울해진다. 웃음 속에 즐거움이 있는 것이다. 미소는 내 마음을 웃게 하고, 내 주변을 웃게 한다. 미소와 웃음이 가진 힘이다. 그 시작이 '아이는'이다.

'아이는'과 함께 좋은 느낌으로 하루를 시작해보자. 그러면 오늘이 즐거워진다. 아침의 느낌은 오늘 하루 은은하게 남아 있기 때문이다.

아침에 일어나 이부자리를 정리하고, '나의 ○○아'로 나를 깨우며, '아이는'의 미소로 오늘을 시작해보자. 모닝 리추얼이 하루를 바꿀 것이다. 그리고 그것이 습관이 될 때, 무료한 일상 속 나도 모르는 미소가 입가에 맺힐 것이다. 그 미소로 하루를 채워 나갈 때, 변화가 즐거워지고 성장의 출발점이 될 것이다.

삶의 성장과 발전은 이렇게 굴려 가는 것이다. 그리고 이 '굴러감'이 관성을 지닐 때 인생이 꽤 훌륭하게 '흘러감'을 느낄 것이다.

작은 성취, 나와의 만남 그리고 좋은 느낌

이보다 좋은 리추얼이 있을까? 나는 13년째 하고 있다. 내일 아침부터 실천해보자. 그래야 변할 수 있다. 지금처럼 살 수는 있어도, 지금부터는 잘 살아야 한다. 꼭 그렇게 되길 바란다.

말을 잘하고 싶다면 1

2006년 나는 삼성서울병원에서 인턴과 레지던트를 수료하고 전문의를 취득했다. 그리고 울산에 있는 공중보건의사로 근무했다. 몇 년을 서울에서 일했는데, 울산에서 일하는 며칠 사이에 부산 특유의 사투리가 입에서 쏟아졌다. 힘들게 서울말을 배웠는데, 옆에서 사투리를 쓰니 그에 맞춰 따라 쓰게 되었다. 물론 지금은 서울말 쓰는 것을 포기했지만 당시에는 서울 사람처럼 말하는 게 세련되어 보였다. 서울말을 쓰는 세상은 정갈하게 정돈된 느낌이었다.

당시 부산에 있는 스피치학원을 다니기로 큰마음을 먹었다. 사투리 교정을 받으러 일주일에 두 번씩 석 달을 등록했다. 그때는 단순히 사투리 고치는 게 목적이었다. 3개월 다니려고 했던 학원이 6개월을 넘어섰다. 종종 빠지는 날도 생기고, 휴가와 월차로 몇 번 연기하다 보니 거의 8개월을 다니고 있었다. 그리고 9개월이 지난 시점에 나는 두 과정을 수료했다. 결국 나는 사투리를 고칠 수 있었을까?

높낮이의 고저만 줄어들 뿐, 부산 억양은 여전했다. 다만 사투리는 못 고쳤어도 많은 걸 얻을 수 있었다.

당시 스피치를 알려주신 분은 정보영 원장님이다. 아직 나를 기억하실지 모르겠지만, 내 기억 속 원장님은 항상 웃으셨다. 늘 깔끔한 단발머리에, 우아한 모자를 쓰고, 또각또각 멋지게 걸어오셔서 교실 한가운데서 강의해주셨다. 그리고 학생 한 명 한 명에게 피드백을 주셨다. 나에게는 2가지를 강조하셨다. 하나는 '미소'고, 하나는 '전달력'이었다.

내가 스피치를 하고 있으면, 늘 중간중간에 "선생님, 웃으시면서"라고 하시며 본인의 미소를 나에게 보여주셨다. 그러면 긴장했던 나의 스피치에 여유가 생겼다. 딱딱하고 무미건조한 이야기에 부드러운 온기가 돌았다. 그것이 미소의 힘이었다.

두 번째는 전달력이었다. "선생님, 5살 아이에게 말한다고 생각해 보세요. 어려운 단어 쓰지 마시고, 단문으로 간단히 전달해보세요. 그래야 유치원생이 웃으며 듣죠"라고 말씀하셨다.

나는 어려운 의학용어와 영어 논문에 익숙했다. 그래서 평소 이 야기할 때, 교수님께 보고하듯 얘기하는 버릇이 있었다. 과한 형용사와 부사를 써서 최대한 말을 화려하게 변신시켰고, 이런저런 문장을 덧붙여 빈약한 주제를 보강하고 있었다. 유창하게 말하는 방식이 말을 잘하는 방법이라 착각하고 있었다. 그때마다 원장님이 말씀하셨다.

"선생님, 카메라에 선생님의 아이가 있다고 생각해 보세요. 아니면 사랑스러운 연인이 있다고 생각하면서 얘기해 보세요. 아이에게는 짧고 간단하게 이야기하고, 연인에게는 미소 지으며 얘기하셔야죠."

이게 핵심이었다. 소통은 내가 전하고자 하는 메시지를 전달하는 것이고, 거기에 거창한 포장지는 필요 없었다. 그리고 메시지에 미소가 동반될 때, 이야기는 쉽고 편안하게 전달되었다. 미소와 전달력, 그것이 스피치의 핵심이었다.

그리고 이것은 스피치뿐 아니라 일상의 대화, 비즈니스 회의, 다양한 발표에서도 필요한 소통의 본질이었다. 그것이 9개월간 배운 원장님의 가르침이었다. 그리고 그 가르침은 어느새 나의 습관이 되어 일상에서 빛나고 있다.

말은 미소와 함께 각인된다

나는 국회의원들이 대단하다고 생각한다. 토론회나 경선 과정에서 그렇게 싸우면서도 웃으며 이야기하는 모습이 놀랍다. 어떻게 저런 상황에서도 미소를 잃지 않고 말할까? 자신에 대한 공격과 조롱을 그들은 웃으며 응대한다. 물론 버럭 화를 내는 경우도 있지만, 마무리는 '허허허' 웃으며 끝낸다. 역시 국회의원은 아무나 하는 게 아닌가 보다.

왜 그들은 말에 미소를 담으려 할까? 미소의 힘을 알기 때문이다. 속은 부글부글 끓고, 심장은 요동치지만 그들의 입가는 올라가 있다. 올라간 입꼬리와 무관하게 날카로운 독설을 뱉으면서도 눈꼬리에는 잔잔한 미소가 있다. 차가운 이성과 따뜻한 표정을 그들은 잘 활용한다. 토론이 끝난 후 평가는 어떨까? 버럭 소리를 지르며 토론을 이어가는 상대보다 미소 속에 이야기하는 후보에게 우리는 더 좋은 점수를 준다. 이야기에 미소가 담길 때, 그 이야기는 우리 마음에 각인되기 때문이다.

'당신의 미소가 세상을 바꿀 수 있게 하라. 하지만 세상이 당신의 미소를 바꾸게는 내버려 두지 마라.'

중국의 속담이다. 미소가 담긴 말은 세상을 바꾸는 힘이 있다. 그들은 그것을 너무나 잘 알고 있다. 대한민국 국회가 대한민국에서 가장 말 잘하는 사람의 모임인 이유다.

표정과 감정은 일대일로 매칭되어 있다. 좋은 감정이 들 때 웃음 짓고, 슬픈 감정이 들면 눈물이 난다. 미소는 좋은 느낌의 표현이다. 이 느낌은 나의 미소를 통해 남에게 전달되고, 그들의 미소로 이어진다.

인간은 본능적으로 남의 행동을 따라 하는 무의식적 반응이 있다. '미러 뉴런(Mirror Neuron)'이라 불리는 신경세포가 있기 때문이다. 마치 거울을 보듯 남의 행동을 따라 하도록 신경 시스템이 세팅되어 있다. 그 자극은 나의 감정에도 영향을 준다. 그래서 상대가 기분이 좋으면 마치 나도 미소 짓는 듯한 감정 상태가 된다. 상대방의 미소가 나에게 좋은 느낌과 긍정의 감정을 만드는 이유다.

미러 뉴런은 전운동 피질 아래쪽, 두정엽 아래쪽, 측두엽 위에 위치한다. 이탈리아의 파르마대학 지아코모 리졸라티(Giacomo Rizzolatti) 박사팀이 발견하였다. 원숭이가 다른 원숭이의 행동을 보거나 따라 하는 행동에서 활성화되는 '거울 신경세포'를 발견한 것이다.

미러 뉴런 발견 이전에는 논리적인 사고 과정을 거쳐 타인의 행동 뒤에 숨은 의도를 해석한다고 믿었다. 그러나 이제는 '생각함'이 아니라 '흉내 냄'으로 타인을 이해한다고 믿는다. 상대의 미소를 따라 하며 그에게 긍정의 마음이 생기는 것이다. 옆에서 하품하면 나도 하품하듯, 그의 미소에 나도 미소 짓게 된다.

미소와 함께 전해지는 말은 마음에 자리 잡는다. 긍정의 감정을 가질 때 쉽게 허용하는 마음이 생긴다. 반대로 부정적 감정에 휩싸일 때 그 부정성과 하나가 되어 버린다. 타인의 이야기에 관심이 가지 않는다. 마음의 여유가 없기 때문이다. 심각한 고민에 빠져 있을 때, 극도의 슬픔이 나를 감쌀 때, 우리는 귀를 닫고 마음의 문을 잠그게 된다. 그 어떤 이야기도 귀에 들어오지 않는다. 나도 그렇고, 당신도 그렇다. 슬플 때는 귀가 없어진다.

말은 미소와 함께 온다. 미소와 함께 전달된 말은 우리의 가슴을 울린다. 긍정의 감정이 마음을 열고, 가슴을 두드리기 때문이다. 그래서 미소로 전해지는 말은 전달력이 좋다. 허용을 통해 들어온 이야기는 내 가슴을 거쳐, 내면에 새겨지기 때문이다. 오랫동안 그의 이야기가 남는 이유는 우리의 무의식에 그 말이 각인되기 때문이다. 각인의 '인'이 '도장 인(印)' 자다. 마음에 도장을 찍듯 그 말은 마음에 기록된다.

말에 미소를 담아라. 그리고 웃으며 전달하라. "선생님, 웃으시면서"를 항상 기억하라. 말을 잘하는 첫 번째 방법이다.

155

말을 잘하고 싶다면 2

먼저 자신의 미소부터 관찰하자. 거울에 비친 나의 미소를 관찰하고, 늘 그 미소와 함께하면 반은 먹고 들어간다. 그 다음은 전달력이다. 말의 본질은 소통이고, 소통은 내 생각을 정확히 전달하는 데 있다. 말은 생각에서 시작하고, 생각이 정돈되었을 때 정리된 말을 하게 된다. 말이 정리되면 전달력이 좋아지고, 자신감이 생기게 된다. 결국 '생각 정리'가 전달력의 핵심이다.

우리의 생각 공장이 분류된 지식과 정보들로 가득할 때 원하는 이야기를 자유롭게 할 수 있다. 어떤 이야기를 하더라도 큰 막힘이 없다. "저 사람은 어떤 질문에도 답을 잘하네", "아는 게 참 많은 사

람이야", "저분은 설명을 쉽게 해줘서 좋아" 이런 이야기를 듣는 사
람들의 특징이다. 머릿속이 일목요연하게 정리가 되어 있다. 마치
옷을 정리하듯 흩어진 지식을 잘 정돈한 사람이다.

생각을 정리하는 3가지 방법

생각이 정리될 때 생각의 자유를 얻고, 이 자유 속에서 자신의
이야기를 마음껏 할 수 있다. 당신의 생각은 잘 정리되어 있는가?
아니면 이제부터 생각을 잘 정리하고 싶은가? 지금부터 그 노하우
를 알아보자.

생각 정리의 시작은 지식화다.

우리는 일상 속에서 많은 지식과 정보를 얻는다. 인터넷만 들어
가도 정보의 홍수라 할 만큼 엄청난 양의 데이터가 있다. 유튜브
와 각종 SNS를 통해서도 많은 이야기를 듣는다. 책에서는 저자의
지식을 배우고, 어제 만난 친구를 통해서도 유익한 얘기를 들을 수
있다.

문제는 그것들을 저장하지 못하는 데 있다. 하루 24시간 정보
의 세상에 노출되어 있지만, 잠자리에 들기 전 기억나는 건 몇 개

없다. 지식화 작업이 없어 정보의 단계에 머물렀기 때문이다. 정보는 정보 역할만 할 뿐이다. 정보에 나의 스토리가 담길 때 비로소 지식이 된다.

예를 들어 '소주와 맥주가 있다. 소주 맛은 쓰고, 맥주 맛은 맹맹하다'는 것은 단순한 정보일 뿐이다. 하지만 '소주의 쓴맛과 맥주의 맹맹한 맛은 서로 보완해주니까 섞어 마시면 맛있겠는데' 하며 이전에 먹었던 소주와 맥주의 맛을 내 생각으로 연결하는 과정을 거치면 '소맥'은 지식이 된다. 정보에 나의 스토리가 들어갈 때 정보는 지식이 된다. 사실 소맥은 워낙 대중적으로 알려져 지금은 지식보다는 정보에 가깝다.

최근 가까운 지인이 알려준 '코소'는 지식에 가깝다.

"삼겹살 먹을 때 코소 한번 먹어봐. 삼겹살은 소주와도 어울리고 와인과도 어울리는데, 포도 베이스의 코냑과도 참 잘 맞더라. 요즘 코냑과 소주를 섞은 코소를 마시는데, 코소에 삼겹살은 최고의 조합이다."

자신의 지식을 전달하는 그분의 얼굴에 뿌듯함이 묻어났다.

정보가 지식이 되면 설명이 쉬워진다. 나의 이야기와 연결되기 때문이다. 그리고 그렇게 연결된 지식은 쉽게 휘발되지 않는다. 우리 뇌의 해마를 거쳐 장기 기억 공간인 대뇌 피질에 저장되기 때문이다. 그리고 언제 어디서나 필요한 상황에서 '문득 떠오른 생각'

형태로 나타난다. 정보는 날아가지만, 지식은 쌓여간다.

두 번째는 직접 경험하는 것이다.

배운 것은 익혀야 한다. 그래서 학습을 한자로 배울 학(學)과 익힐 습(習)을 쓴다. 머릿속에 떠오른 것은 몸으로 체험해야 자신의 것이 된다. 소맥을 스스로 만들어 먹다 보면 자신만의 비율, 순서, 선호하는 브랜드 등 다양한 경험치가 쌓이게 된다. 그 경험을 통해 황금비율이라는 것이 나온다. 그때부터 소맥의 '노하우'가 생기는 것이다. 삶의 노하우도 마찬가지다. 지식을 경험으로 녹일 때 삶의 노하우인 '지혜'가 생기는 것이다. 그때 삶의 변화가 시작된다. 맥주를 살 때 소주도 같이 사게 되는 식이다.

나도 모르는 일상의 변화, 습관이 생기게 된다. 습관은 지식을 경험화하는 과정에서 나타난다. 이때 나의 지식은 머리에 저장되는 것이 아니라 몸에 기억된다. 지식이 몸에 기억될 때, 지식은 스스로 자신의 자리를 찾아간다.

기록으로 남겨진 몸은 나도 모르게 무의식적 행동으로 지식을 펼쳐낸다. 그게 달변가의 시작이다. 자신의 경험을 이야기할 때 자신 있게 이야기를 펼쳐낼 수 있다. 몸으로 정리된 생각이 머리에 기억된 생각보다 훨씬 자연스럽기 때문이다. 그래서 늘 하는 일상에 대해서는 눈 감고도 이야기할 수 있다.

지식과 정보는 취득한 것이다. 그 취득한 것들이 몸으로 체득될 때 무의식에 변화가 생긴다. 내 마음에 납득이 되는 것이다. 지식의 경험화는 지혜를 거쳐 무의식의 관념으로 자리 잡게 된다. 취득은 체득을 통해 납득이 된다.

세 번째가 키워드 정리 과정이다.

몸으로 기록된 일상을 자신의 키워드로 정리하는 것이다. 예를 들면 '소맥은 소주와 맥주의 부족한 맛을 보완하여 새로운 풍미를 낸다. 내 경험상 소주를 먼저 넣고, 맥주를 넣어야 알코올 향의 상 승효과를 기대할 수 있다. 소주와 맥주의 비율은 그날 컨디션에 따라 달라지지만, 초반에는 소주의 비율이 낮다가 점점 높아지는 경 우가 많다. 맥주의 배 부름 때문이다'와 같은 식이다.

이 이야기를 전달할 때 중요한 키워드는 '풍미, 순서, 비율'이다. 이렇게 정리해서 기록해 놓으면 소맥 이야기를 자신 있게 할 수 있 다. 단순한 정보를 지식화하고, 그것을 경험을 통해 익히며, 일상 의 지혜를 자신의 언어로 정리하여 전달하기 때문이다. 절대로 말 을 못할 수 없다.

지식화 → 경험 → 키워드 정리

자신의 이야기를 나의 언어로 풀어낼 때 가장 편안함을 느낀다. 그래서 그런 이야기를 할 때는 표정이 밝다. 자신도 모르게 이야기에 여유가 생긴다. 미소와 여유가 달변가와 함께하는 이유다.

달변가는 말을 유창하게 하는 사람이 아니다. 달변가는 생각이 정리된 사람이고, 자신의 삶을 나의 키워드로 정리한 사람이다. 그래서 그들의 이야기는 단순하고 간결해서 듣기가 편하다. 정리된 키워드로 정돈된 말을 하기 때문이다.

일상을 글감 삼아 습관을 요약하는 연습을 해보자. 습관을 키워드화하여 자신을 관찰하면 무의미하게 하루가 지나가지 않는다. 소모적 삶이 아닌 축적하는 삶을 만들 수 있다. 그 과정에서 인생은 풍성해진다. 쌓고, 경험하고, 정리하라.

시간, 공간, 인간을 리셋하라

'당신이 자주 가는 곳, 만나는 인간, 읽는 책이 당신이 어떤 사람인지 알려준다.'

1749년에 태어난 괴테의 이야기다. 그는 270년 전에 태어났다. 그런데 오늘날을 살아가는 우리에게 시사하는 바가 크고, 메시지가 유효하다.

우리는 3간(시간, 공간, 인간)의 산물이기 때문이다. 독서 시간, 단골 공간 그리고 친구들이 내가 어떤 사람인지 알려준다. 그 3간이 우리의 가치를 결정한다.

삶은 한 편의 영화이고, 우리는 그 영화의 관객이자 작가다. 어떤 영화든 쓸 수 있기 때문에 자신을 왕의 자리에 놔둘 수 있고, 거지 자리에 배치해도 된다. 회장의 배역을 줄 수도 있고, 직장인의 역할도 줄 수 있다. 영화 〈설국열차〉의 계급 서열처럼 자신을 열차 앞칸에 둘 수도 있고, 가장 끝자리에 둘 수도 있다. 이 자리는 내가 정한다.

어제와 똑같은 시간을 보내고, 똑같은 장소를 오가면서 인생이 바뀌길 바라지 마라. 하지만 대부분은 나와 처지가 비슷한 친구와 통화하고, 술 마시고, 시간을 보내면서 성장을 기대한다. 아침에 일어나 직장에 출근하고, 퇴근하고 집에 와 넷플릭스를 보면서 성공을 꿈꾼다. 매일 똑같은 장소에서 똑같은 시간을 보내면서 무슨 변화가 있을까? 움직임이 있어야 인생이 변한다.

운은 변화 없이 생기지 않는다. 나도 모르는 운의 행보는 오늘의 운세가 되고, 운명이 된다. 우연히 가입한 연극동아리에서 매일 의사로 말하고 행동하는 나를 만났다. 그 운과 운세가 나의 운명이 되어 지금 펼쳐지고 있다.

스타벅스에서 끄적인 글들이 한 권의 책이 되었고, 술자리에서 이야기한 리프팅 밴드는 '오마이턱'이라는 제품이 되었다. 일상에서 일으킨 사소한 움직임이 나비의 날갯짓이 되어 삶의 태풍을 만든다. 그 작은 움직임이 지금 모습의 출발이었다.

자주 가는 공간이 나를 바꾼다

일을 마치면 카페에 가서 책을 읽든, 헬스장에서 운동을 하든, 학원에 가서 공부를 해라. 그것도 싫으면 동네 한 바퀴를 뛰어라. 퇴근하고 늘 가던 곳을 가지 마라. 사람은 집과 직장 외 또 다른 장소가 있어야 한다. 자신의 즐거움과 의미를 찾을 수 있는 공간, 나의 제3공간이 있어야 한다.

미국의 도시사회학자 레이 올든버그(Ray Oldenburg)는 《The Great Good Place》에서 현대인의 고독과 소외감 해소를 위해 제3의 공간에 대해 이야기했다. 그는 "삶의 기본이 되는 집과 일터라는 공간뿐만이 아니라 비공식적인 생활을 위한 제3의 공간이 필요하다"라고 말한다. 이는 단순히 인간관계에만 해당하는 얘기가 아니다. 관계적 문제를 넘어 한 사람의 성장과 발전에도 나만의 공간은 반드시 필요하다.

나는 책을 읽거나 글을 쓸 때 스타벅스를 이용했다. 집에서 글을 쓸 때도 있다. 하지만 퇴근하는 길, 눈앞에 보이는 스타벅스는 나의 집필 공간이었다. 그곳을 지날 때면 가슴이 두근거렸다. 하루의 즐거움을 이곳에서 만끽할 수 있기 때문이다. 또 다른 곳은 골프 연습장이다. 일을 마치고 옷을 갈아입고, 그곳을 향할 때 내 머릿속은 이미 나의 스윙으로 채워진다.

야간 라이딩을 할 때도 있다. 밤공기를 마시며 두 개의 바퀴와 내가 한 몸이 된다. 페달을 통해 전해지는 땅의 울림과 하늘에서 쏟아지는 달빛의 향연, 코끝을 스치는 가을의 밤바람이 마음을 두드린다. 작년에 수강한 명상 수업도 생각난다. 저녁 늦게까지 이어지는 마음공부의 시간, 그 시간 속에서 세상과 내가 하나가 됨을 느낀다.

그렇게 나는 변하고 진화해갔다. 그 시작은 내가 가는 '장소'였다. 내가 자주 가는 공간이 나를 변하게 했다. 책을 읽게 하고, 몸을 쓰게 했으며, 명상하게 했다. 삶의 3가지 기본기는 공간이 주는 선물이었다.

토 나오는 인간은 만나지 마라

자주 가는 곳에서 보내는 나만의 시간, 그 시간과 공간만큼 중요한 것이 있다. 바로 인간이다. 내 앞에 보이는 누군가는 나에게 가장 큰 영향을 주는 존재이기 때문이다. 인간관계는 우리가 접하는 관계 중 가장 직접적이고 구체적이다.

사실 나는 나와 먼저 관계한다. 나를 바라보는 또 다른 나와의 연결이 우선이다. 하지만 그 속성이 구체적이지 않기에 잘 드러나지 않는다. 세상과의 관계도 마찬가지다. 우리에게 직접 말하거나 조언하지 않고 간접적으로 표현할 뿐이다.

하지만 가족, 친구, 동료, 지인들과의 인간관계는 직접적이고 구체적이다. 사람 인(人) 자의 모습처럼 서로 영향을 주고받으며 기대어 존재하기 때문이다.

당신의 주위에는 어떤 사람들이 있는가? 나에게 좋은 에너지를 주고, 긍정의 기운을 주는 사람이 많은가? 혹은 불평, 불만, 불안해하는 3불을 가진 사람들이 많은가? 이 둘의 차이는 매우 중요하다. 당신의 운을 결정하기 때문이다.

삶의 에너지는 행운과 불운을 나누는 중요한 요소다. 내 삶에 긍정의 기운이 많을 때, 우리 인생은 꽤 훌륭한 방향으로 흘러간다. 하지만 부정적 에너지가 나를 감싸고 있을 때, 그 불안한 예감은 항상 틀리지 않는다.

주변이 좋은 사람으로 채워질 때, 그 관계는 나의 운이 되어 나를 행동하게 한다. 하지만 나에게 불만을 표시하고, 불평하는 사람들이 가득할 때, 나의 내면은 그들의 결핍으로 채워진다. 그리고 마음이 결핍되면 우리는 행동하지 않는다. 불안의 생각만 반복할 뿐이다. 그 생각이 꼬리에 꼬리를 물고 몸은 더 무거워진다. 더 이상 나아가지 않게 된다. 행동하지 않기에 삶의 변화는 없다. 인생의 운이 발생하지 않는다. 그 운명에 묶여 버린다.

살면서 반드시 버려야 하는 사람이 있다. 나를 묶어 버리는 사람이다. 움직이지 않게 하고, 그 자리에 머물게 하는 사람들이다. 생각의 늪에 빠지게 하고, 그 부정적 생각 속에서 한 발짝도 나가지 못하게 한다. 3cm도 되지 않는 삶의 문턱을 못 넘고, 수십 미터의 생각 담장에 갇히게 된다.

하지만 나에게 충고하고 평가하고 판단하는 그들도 사실은 절대로 움직이지 않는다. 늘 불안해하면서 불평하고 불만을 표한다. 그 자리에 머물러 있기 때문이다. 정체되고 썩어가고 있다. 진심으로 토 나오는 인간들이다. 지금 바로 연락을 끊고, 마지막으로 말해라.

"토 나와, 이제 그만해."

'토 나와'를 발음 그대로 영어로 만들면 TONAWA(Talk Only No Action With Appraisal)다. 그들의 특징은 행동하지 않고, 평가하고 말만 한다는 점이다. 뭔가 대단한 사람인 것처럼 당신을 평가하지만, 사실 조언을 들어야 할 사람은 그들이다. 거대한 통찰을 가진 것처럼 충고하지만 사실 그들의 논리는 나약하다. 통찰은 행동을 통해 얻어지는 것이지, 생각을 통해 나오는 게 아니기 때문이다.

오늘부터 그들과 이별해라. 세상에는 좋은 사람이 너무나 많다. 그들과 시간을 보내기에 당신의 시간은 너무 소중하다. 시간은 다이아몬드다. 그 빛나는 시간을 토 나오는 인간들과 보내지 마라. 반짝반짝 빛나는 사람들과 시간을 보내라. 그들이 당신을 더욱 빛나게 해줄 것이다. 그 관계 속에서 당신의 3간(시간, 공간, 인간)은 빛나고 있을 것이다. 인생 영화는 그렇게 써 가는 것이다. 3간을 리셋하라. 그게 인생 작가가 해야 할 작업이다.

4장

당신이
부의 시작을
알게 된다면

부자가 되는 가장 빠른 길

2022년 NH투자증권이 발간한 보고서에 의하면 순자산 4억 원 이상인 한국 중산층은 부채를 제외한 순자산 30억 원 이상은 되어야 부자라고 생각하고, 2023년 KB금융에서 발행한 '한국 부자보고서'에 따르면 금융자산 10억 원 이상을 가진 부자들은 총 자산이 100억 원 이상은 되어야 부자로 본다고 한다.

이런 글을 보면 무슨 생각이 드는가. 나도 돈 많이 벌어서 부자가 되겠다거나, 부자가 되는 삶을 꿈꾸게 되는가? 아니면 자괴감이 들거나 나와는 상관없는 이야기로 치부하는가, 혹은 그런 부자들을 시기하거나 질투하지는 않는가?

자, 이제 솔직해져 보자. 어린 시절 우리 집은 가난했고, 주변 사람들도 가난했다. 그때 그 시절 부가 무엇인지, 부자는 어떤 사람인지 잘 몰랐다. 단어가 주는 느낌이 없었다. 그것이 무엇을 의미하는지 감이 없었다. 돈과 부와 부자는 가난한 나에게 생소한 단어였다.

하지만 지금은 전혀 다르다. 나에게는 돈의 느낌이 있고, 부의 의미가 있으며, 부자의 가치가 있다. 돈은 감사의 느낌이고, 부는 풍요의 과정이며, 부자는 부러움의 대상이다. 어떤 의미와 가치 없이 텅 비어 있던 단어에 이제는 풍요와 감사의 느낌이 담겨 있다. 비어 있던 돈의 그릇에 긍정의 가치와 삶의 의미를 담기 시작했다. 돈이 주는 느낌의 변화, 그것은 나에게 있어 부자가 되는 가장 빠른 길이었다.

그 시작은 바로 돈에 대한 앎이었다. '돈이란 무엇일까?' 돈에 대한 고민과 돈에 대한 정의, 그리고 그것에 대한 생각과 사유, 그로 인한 돈의 앎, 그 과정이 부자로 가는 나의 발걸음이었다. 그리고 그 발걸음의 모든 과정이 돈에 담겨 있었다.

사람들은 대부분 돈에 대한 앎이 없다. '돈이 뭐지?'라는 질문에 쉽게 답을 내지 못한다. 정말 아이러니다. 돈을 좋아하고, 부를 사랑하며, 부자가 되고 싶은 사람들이 돈에 대해 모른다. 부에 대해 무지하고 부자를 막연히 시기한다.

사람은 아는 것을 소유할 수 있다. 눈앞에 스마트폰이 스마트폰임을 알 때, 그것을 소유할 수 있다. 소유의 전제는 앎이기 때문이다. 그것이 무엇인지 알 때 그것을 가지고 싶어 한다.

우리는 스마트폰이 주는 생활의 편리를 알고 있다. 새벽 알람으로 하루를 시작하고, 일정을 정리하며, 해외 친구와 통화도 한다. 그것으로 인한 업무적 효용성도 안다. 사무실 책상 위에는 늘 폰이 있는 이유다.

스마트폰으로 인한 삶의 변화도 이미 경험적으로 알고 있다. 스마트폰은 단순한 폰이 아님을 알고 있다. 단순한 통화의 수단을 넘어 모든 관계의 시작이 된다. 음성을 통한 대화뿐 아니라, 카톡과 메시지를 통해서도 다른 이들과 연결된다. SNS를 통해 세상과 관계를 맺고, 또 다른 가상현실과의 통로가 되기도 한다. 인생에서 일어나는 대부분의 인연 관계의 시작이자 끝이 이 작은 네모난 물건이다.

그래서 우리는 스마트폰에 자신의 모든 것을 담는다. 자신의 이미지를 담고, 나의 생각을 저장하며, 삶의 추억을 남긴다. 스마트폰은 작은 전자기기를 너머 삶의 대변인이자, 나의 또 다른 모습이다. 그래서 폰은 돈과 닮아 있다.

폰과 돈의 공통점

돈의 아바타가 스마트폰이라는 생각도 든다. 왜 그럴까? 돈의 정의를 살펴보자. 돈의 정의를 사전에서 찾아보면 '사물의 가치를 나타내며, 상품의 교환을 매개하고, 재산 축적의 대상으로도 사용하는 물건'이라고 나온다. 즉 물건의 가격이 돈이다.

하지만 돈은 단순한 교환 수단이 아니다. 모든 인과 관계의 시작이고, 인과 관계가 만드는 인연 관계의 중심에 돈이 있다.

예를 들면, 매일 마시는 커피 한잔에 무수히 많은 인연 관계가 포함되어 있다. 커피를 사기 위해 스타벅스에 가면 손님을 응대하는 직원을 만난다. 또 그 커피를 위해 원두를 재배한 농부와도 인연 관계가 된다. 그 사람이 없었다면 지금의 커피는 존재할 수 없다. 커피를 로스팅한 바리스타와도 인연이 되고, 머그잔을 만든 그 누군가와도 관계를 맺게 된다. 그들 없이는 커피 한잔이 손에 담길 수 없다.

또 아는가? 내가 꿈꾸던 이상형을 만날 수도 있다. 옆자리에 앉은 그녀와의 첫 만남이 우연한 커피 한잔으로 시작될 수 있다. 그 모든 인연 관계의 시작에 바로 돈이 있다.

커피 한잔의 돈이 삶에서 일어난 모든 인과의 시작이고, 인연 관계의 중심인 것이다. 그렇기에 돈에 대해 잘 알아야 한다. 그리고 잘 대해야 한다. 내 삶에 어떤 인연이 펼쳐지고, 어떤 결과물이 주어질지는 돈에서 기인하기 때문이다. 그래서 돈을 긍정하고, 돈에 감사해야 한다. 돈이 만드는 인연 관계를 축복하고 고마움을 표해야 한다. 그 감사의 마음을 돈에 담을 때 돈은 우리의 아바타 역할을 한다.

돈은 나를 비춰주는 거울이다. 내가 돈을 긍정하고 돈에 감사할 때, 돈은 그 가치를 세상에 전달한다. 세상은 돈과 연결되어 있고, 우리가 돈을 긍정할 때 세상도 긍정할 수 있다. 돈을 대하는 마음은 세상을 대하는 마음이 되고, 돈을 두려움 없이 대할 때 세상도 두려움 없이 대할 수 있다. 돈은 나와 세상을 연결하는 중심이자 나의 내면을 비춰주는 거울인 것이다. 세상과 연결하고, 내 삶의 모습을 보여주는 스마트폰과 그 결을 같이 하고 있다.

우리는 스마트폰을 꾸미고, 폰이 부서지지 않게 액정을 보호하며, 잠을 잘 때도 화장실을 갈 때도 심지어 사우나를 갈 때도 폰을 챙긴다. 그 폰을 사랑하는 만큼 돈을 사랑하고 긍정하라. 돈을 아끼고, 돈에 애정을 듬뿍 담아라. 당신이 돈을 아끼고 사랑할 때, 돈도 당신을 사랑하게 된다. 돈이 사랑하는 사람, 그 사람은 부자가 되기 때문이다.

돈이 사랑하는 사람이 부자다

대중은 '부자는 돈을 사랑한다'고 착각한다. 이것은 생각하기 싫어하는 대중이 권위에 굴복하여 받아들인 권위자의 생각이다. 부자는 돈을 사랑하는 사람이 아니다. 부자는 돈이 사랑하는 사람이다. 돈을 긍정하고 돈에 감사하며 그 인연 관계를 축복하는 사람이부자다. 그 내면의 모습이 자연스럽게 드러날 때, 돈은 그를 사랑하게 된다. 그것이 사랑이다.

누군가를 사랑할 때를 떠올려보자. 우리는 우리를 사랑하는 사람을 사랑하게 된다. 그(그녀)가 전달하는 사랑의 느낌, 그 내면의모습에 설렘을 느끼고 두근거림을 이어간다. 그리고 그 사랑이 오랫동안 유지되길 바란다. 돈이 사랑하는 부자, 그 부자가 오랫동안 그 자리를 지키게 된다. 부익부 빈익빈이 유지되는 이유이기도하다.

돈을 대하는 모습을 한번 되돌아보자. 돈을 벌 때 어떤 느낌이드는가? 힘들게 고생하는 모습이 떠오르지 않는가? 돈을 벌 때 감사의 느낌이 있는가? 돈을 두려움의 대상으로 바라보지는 않는가?돈을 가지고 있을 때 그것을 즐기고, 풍요를 느낄 수 있는가? 돈이주는 여유로움을 느끼는 대신, 돈을 잃지 않을까 두려워하고 다른투자처는 없을까 불안해하지 않는가? 드라마나 영화에 등장하는 부자들을 보며, 범죄와 비리의 중심에 항상 그들이 있음을 은연중에 동의하지 않는가?

대중이 생각하는 돈의 이미지다. 대중이 받아들이는 부의 느낌이다. 하지만 꼭 해주고 싶은 이야기가 있다. 절대로 돈을 두려워하지 마라. 그리고 부를 죄악시하지 마라. 돈을 두려워하고, 부를 죄악시하면서 부자가 되길 바라지 마라. 돈을 부정하고, 부를 시기하면서 부자가 될 수는 없다. 그렇게 되길 기대하지 마라. 스스로 속이지 마라. 진실된 자신을 만나라. 그리고 내 마음 깊은 곳에 있는 돈의 모습을 바라보라.

그 모습이 내가 돈을 대하는 모습이고, 세상을 대하는 모습이다. 돈을 긍정할 때 당신은 세상을 긍정하게 된다. 그리고 세상을 긍정할 때 세상도 당신을 긍정하고, 돈은 당신을 사랑하게 될 것이다. 그것이 차선 변경의 시작이다. 부의 추월차선으로 가는 첫 번째 발걸음이다. 돈을 사랑하라. 그러면 돈이 사랑할 것이다.

부의 시작점 1: 인간

"가난한 사람이 돈이 많아졌다고 부자가 되는 것이 아니에요. 돈이 없을 때 보내는 시간, 돈이 없을 때 보내는 공간, 그리고 그때 만난 사람들과 지금의 이 3가지가 완전히 달라져야 부자의 삶을 살 수 있는 거예요."

지난해 유튜브 채널 TV러셀에서 진행된 인터뷰에서 "부자가 되면 무엇이 달라지나요?"라는 질문에 내가 했던 대답이다. 3간(시간, 공간, 인간)이 달라져야 부자가 된다. 그리고 부자가 되면 3간이 달라진다. 지금 보내는 시간이 달라져야 미래의 시간이 달라지고, 내가 자주 가는 장소는 미래의 단골이 될 것이며, 지금의 베프는 미래에 없을 수 있다.

부자는 로또에 당첨되었다고 되는 것이 아니다. 갑자기 하늘에서 돈이 떨어진다고 부자가 되는 게 아니다. 3간이 달라지지 않으면 부가 생기지 않고, 부자가 되더라도 그 부를 유지할 수 없다. 부자임을 느끼기 전에 이미 가난한 과거로 돌아가게 된다. 부의 순환이 일어나지 않기 때문이다.

돈의 흐름과 부의 순환은 나를 중심으로 일어나며, 나라는 구심력이 사라질 때 돈은 바람처럼 사라지게 된다. 태풍이 몰려올 때, 그 세력은 강력한 태풍의 눈에 있다. 그 눈이 변하지 않으면 태풍의 힘은 약해지고 잔바람처럼 사라진다. 그 구심력의 요소가 바로 3간이다.

전류가 전선 따라 흐르듯, 돈은 사람 따라 흐른다. 우리가 어떤 사람을 만나느냐에 따라 내 인생이 달라진다. 이미 수없이 많은 책과 사람들의 입에서 나온 얘기다. 부자가 되려면 부자를 만나야 한다. 부자가 아니면 적어도 부자가 되려는 사람을 만나야 한다. 그 흐름 속의 사람을 만나야 변한다. 당신의 운이 바뀌기 때문이다. 운이 바뀌어야 운명이 바뀐다.

당신은 운이 무엇이라 생각하는가? 길을 가다 돈을 주우면 운이 좋다고 이야기한다. 로또에 당첨되면 대운이 들어왔다고 이야기한다. 길을 가다 턱에 걸려 넘어지면 운이 나쁘다고 한다. 운이 나빠 사업에 실패했다고도 한다. 대개 좋은 일이 생기거나 좋은 변화를 행운이라고 하고, 반대의 경우를 불운이라고 한다.

운은 어떤 움직임, 변화를 뜻한다. 그 변화가 나에게 유리하면 좋은 운이고, 나에게 불리하면 나쁜 운이다. 그리고 그 운이 모여 운명이 된다. 운의 집합체인 운명은 하나의 생명력을 지닌다. 운명의 '명' 자가 한자로 생명 명(命)이다.

그래서 운이 오늘을 결정하고, 운명은 삶을 지배하게 된다. 오늘의 변화는 내일의 결과가 되고, 미래의 운명으로 연결된다. 그리고 그 미래에서 되돌아볼 때 오늘의 변화를 운으로 평가한다.

'그때 운이 좋았네, 좋은 선택이었어.'

'그때 왜 그런 선택을 해서 지금 이런 피곤한 상황을 만들었지? 진짜 운이 안 좋았네.'

그리고 이 생각은 또다시 말과 행동으로 이어져 운으로 드러난다. 결국에 운을 만드는 것은 생각이고, 이 생각은 마음속 무의식에서 나타난다.

운은 우리의 무의식이 생각과 말과 행위로 드러난 모습이다. 운의 사전적 의미가 '이미 정해져 있어 인간의 힘으로는 어쩔 수 없는 천운과 기수'인 이유다. 운은 내 안의 무의식이 나도 모르게(인간의 힘으로는 어쩔 수 없이) 현실에 나타난 것이다.

의식하기 전에 떠오른 생각, 그로 인한 행동의 변화가 운이다. 내 마음에 어떤 것들이 박혀 있는가가 내 삶의 모습으로 드러난다. 운명의 틀에서 벗어나지 못하는 이유다. 우리는 자신의 무의식에서 벗어날 수 없기 때문이다. 그래서 무의식을 바꿔야 한다. 마음에 품은 생각, 그 관념이 바뀔 때 부자가 될 수 있다.

남은 나를 비추는 거울이다

내 안에 품은 생각, 그 관념을 볼 수 있는 곳이 바로 '남'이다. 우리는 남을 통해 나의 내면을 들여다볼 수 있다. 내면이 결핍으로 가득 차 있으면, 나를 가난하게 만드는 현실이 나타난다. '나는 결핍된 사람이다'라는 무의식이 그 관념에 적합한 사건과 상황을 만들기 때문이다. 남에게 사기를 당해서 돈을 잃고, 직장을 잃는 상황이 발생한다. 가족이 아파서 돈을 쓰게 되고, 돈을 빌려달라는 친척과 친구들이 생긴다. 보험 들어달라는 친구의 연락부터 자동차 계약을 원하는 친구까지 일상이 돈의 결핍과 이어진다. 그러면 나 스스로 불평, 불만이 생긴다.

'왜 내 주변에는 이런 사람들밖에 없지?'

'왜 우리 가족은 이렇게 아프고, 나한테만 의지하지?'

'왜 나는 돈을 벌기만 하면, 누가 빼앗아가는 상황이 반복되지?'

내 안의 관념이 그런 현실을 만든다. 그래서 나 자신에 대한 정의, 무의식의 관념이 결핍으로 가득 찰 때 그 모습은 현실과 남을 통해 나타난다. 결핍된 내면이 마치 거울처럼 사기 치는 사람, 괴롭히는 사람, 돈 빌려달라는 사람, 아픈 가족 등으로 나타나는 것이다.

그리고 내 앞에 사람은 나의 마음을 또다시 결핍으로 채운다. 그를 통해 느껴지는 불평, 불만, 불안이 내 마음의 무의식을 부정적으로 채색하기 때문이다. 내 내면이 내 주변 사람을 만들지만, 내 앞의 상대 또한 내 마음을 어둡게 물들인다. 그래서 좋은 사람을 만나야 인생이 바뀐다.

돈이 사람 따라 흐르는 이유는 사람이 부의 원인이자 결과기 때문이다. 내 마음이 풍요로 가득 찰 때 내 주변에는 부유한 사람들이 있게 된다. 그리고 내 주변이 부자로 채워질 때, 나의 내면도 부로 가득 차게 된다. 부의 첫 번째 환경이 인간인 이유다. 사람은 글자 '사람 인(人)' 자처럼 서로 기대어 존재하기에 주변 사람이 바뀔 때 나도 바뀌게 된다. 그리고 내가 바뀔 때 내 친구도 바뀐다. 결국 사람이 미래를 좌우한다.

당장 휴대폰을 꺼내서 보자. 지금 당신은 누구와 기대어 있는가? 최근에 통화한 5명의 친구들을 보자. 그들의 평균 모습이 당신과 비슷할 것이다. 심지어 자산 정도도 큰 차이가 나지 않을 것이다. 그들의 5년 뒤 모습도 당신과 비슷할 것이다. 그러니 꼭 기억해라. 부자가 되려면 3간이 바뀌어야 한다. 그 첫 번째가 인간이다.

부의 시작점 2: 공간

창의적인 아이디어는 천장이 높아질수록 잘 떠오른다는 연구 결과가 있다. 미네소타대학 조앤 마이어스 레비(Joan Meyers-Levy) 교수는 천장이 높아질 때마다 상상력도 함께 높아진다는 사실을 알아냈다. 그는 천장 높이가 사람들의 사고를 바꿔주고, 감정과 행동에도 영향을 준다고 발표했다. 즉, 천장이 높아질수록 창의적인 상상력이 높아지고, 천장이 낮아질수록 꼼꼼한 업무처리의 집중력이 높아진다는 것이다.

우리 집에서 가장 층고가 높은 곳은 내가 책을 읽는 장소다. 책을 읽고, 글을 쓰며, 생각을 정리하는 그곳 천장이 가장 높다. 그리고 통창으로 둘러싸여 개방감도 제일 좋다. 시야가 넓어지고, 시선이 높아지는 그곳을 가장 좋아한다. 조앤 레비 교수의 연구가 아니더라도 나는 그곳에 있을 때 가장 몰입하게 된다. 공간의 확장이 의식의 확장과 연결된다는 것을 경험적으로 알고 있다. 인테리어 공사 때도 신경을 많이 쓴 공간이었다. 기분 좋은 공간에서는 좋은 느낌으로 책을 읽게 된다. 이 기분 좋음이 일상을 만들고 습관을 만든다.

당신은 어떤 공간을 가장 좋아하는가? 책으로 한정 지어보면, 책 읽기 좋은 공간은 어디인가? 이곳으로 이사하기 전 나는 스타벅스에서 책을 읽었다. 그곳의 향기와 약간의 소음이 책의 질감과 어울렸다. 책을 보고 책장을 넘기며 커피를 마시는 내 모습은 마치 영화 속 한 장면처럼 느껴졌다. 줄 긋고, 메모하며, 박스표시까지 끝내면 어느새 2시간이 훌쩍 넘어서 있다. 고개를 들어 주변을 돌아보면 그제야 사람들의 웅성거림이 들렸다.

'2시간이나 여기에 있었구나.'

노트북을 챙기고 몽블랑 매장을 향한다. 펜의 잉크가 말라서다. 책에 찍힌 글자만큼이나 내가 쓴 글자가 많기 때문이다.

나는 몽블랑 펜의 감성을 좋아한다. 부드럽게 써지는 글자만큼 생각의 흐름도 잘 이어진다. 나에게 있어 작은 사치는 이 몽블랑 펜이다. 책을 읽기 위해 시간을 보내는 건지, 펜을 쓰기 위해 독서를 하는 건지 모르겠다. 그만큼 나는 이 펜을 사랑한다. 이곳 커피도 사랑스럽다. 남아 있는 커피를 입에 머금고 집으로 향한다.

삶은 습관으로 이루어져 있다. 우리는 생각하며 사는 게 아니다. 습관대로 움직이며 산다. 그 습관화된 생각, 무의식의 관념이 우리를 말하고 행동하게 한다. 그래서 좋은 습관이 좋은 인생을 이끈다.

사람들이 종종 나에게 물어본다.

"어떻게 하면 원장님처럼 책을 그렇게 많이 읽을 수 있나요?"

"책 읽는 방법 좀 알려주세요. 저는 5분만 읽어도 잠이 와서 못 견디겠어요."

"책을 펼치는 게 제일 힘들어요."

해답은 독서 습관에 있다. 하지만 이는 독서만의 문제가 아니다. 좋은 습관을 만들고 그것을 유지하는 것은 쉬운 일이 아니다. 삶이 습관으로 이루어진 것을 알면서도 그 습관을 만드는 게 쉽지 않은 이유다.

습관은 EV와 GV로 만든다

습관은 환경(EnVironment)과 좋은 느낌(Good Vibe)을 통해 만

들 수 있다. 내가 좋아하는 펜을 들고, 스타벅스 커피를 마시며, 기분 좋은 음악 속에서 책을 읽는다. 영화 속 한 장면처럼 나는 그 공간이 주는 즐거움이 좋다. 주말이나 쉬는 날이면 난 늘 그곳을 찾는다. 즐겁기 때문이다. 이 즐거운 느낌은 굿 바이브로 연결되어 나의 무의식에 저장된다. 그러면 또 하게 된다. 나만큼이나 나의 무의식이 즐겁기 때문이다.

출근할 때마다 내가 좋아하는 유튜브 강의를 오프라인으로 저장해 오디오를 듣는다. 운전석이 강의실로 변한다. 30분의 출근 시간이 새로운 깨달음으로 가득 찬다. 서울숲을 산책할 때도 듣는다. 또 다른 즐거움이다. 자연과 사람들 속에서 지혜의 목소리를 혼자 듣는 기분이다.

가던 길을 멈추고 벤치에 앉아 조용히 명상해본다. 숲의 공기를 마시며, 나의 호흡에 집중한다. 들숨과 날숨을 느끼고, 내 몸에 들어오는 바람 소리를 들어본다. 그 흐름에 감사를 느끼고, 나와 세상의 조화를 느껴본다. 내 몸 구석구석에 들어와 나와 하나가 되는 공기의 순환을 바라본다. 그 조화 속에 이어지는 자연과의 연결을 알 때 눈을 뜬다. 숲의 햇살과 바람의 감촉, 냄새와 온도마저 느껴지는 순간이다. 10분이 훌쩍 지나 있다. 그러면 안다. 나는 또 하게 될 것이다. 내가 좋아하는 숲속에서 즐거워하는 내 모습이 그려지기 때문이다.

즐거운 공간 속의 시간은 무의식에 저장된다. 나에게 그 공간은 스타벅스고, 출근길 운전석이며, 서울숲 벤치다. 그곳의 즐거움은 그 시간의 즐거움으로 연결되며, 즐거움과 함께하는 행동은 나의 일상이 된다. 굿 바이브와 함께하는 행동은 나의 무의식에 저장되고, 그 무의식은 내일의 행동으로 이어지기 때문이다. EV와 GV가 습관을 만드는 이유다.

부자가 되면 시간을 보내는 공간이 달라진다. 그리고 공간이 달라질 때 부가 펼쳐지게 된다. 로또 1등이 되었다고 부자가 되는 게 아니다. 로또 당첨이 되더라도 그 사람의 공간이 바뀌지 않으면 그 부는 오래가지 못한다.

앞서 말했듯 부의 기본기는 '독서, 운동, 명상'이다. 책을 읽을 때 세상의 인연이 발생하고, 운동할 때 새로운 눈이 생기며, 명상할 때 마음 근력이 생긴다. 이 기본기에는 늘 공간이 있었고, 그곳이 즐거울 때 스스로 하게 된다. 밥을 먹듯 책을 보고, 매일 아침 조깅을 하며, 일상의 사유를 즐기게 된다. 그리고 하루의 습관이 바뀔 때 삶의 여정은 바뀌게 된다.

운동화부터 하나 사자. 내가 좋아하는 신발을 신고 기분 좋게 하는 게 운동이다. 독서는 좋은 펜으로 시작한다. 자신에게 맞는 좋은 펜을 준비한다. 가방에 가지고 다닐 예쁜 노트도 하나 장만하

자. 그리고 명상은 자리에 앉아 눈 감는 것부터다. 편안한 의자부터 찾아보라. 그게 시작이다.

부와 성공을 위한 작은 사치는 공간을 즐겁게 만든다. 그 느낌 속에서 습관이 만들어진다. 공간의 습관이 바뀔 때, 나의 시간은 바뀌게 된다. 그러면 나의 미래는 이미 변해 있다. 과정이 있어야 결과가 있는 것이고, 결과는 과정을 선택했을 때 이미 준비되어 있다. 삶은 그렇게 펼치고 만드는 것이다. 공간이 만드는 습관의 변화, 그것이 시크릿이다.

부의 시작점 3: 시간

돈은 한낱 종이에 불과하고, 숫자에 불과한 것이 아니다. 돈은 물리적 힘이 있고, 그 숫자만큼의 질량도 가지고 있다. 질량이 높을수록 물질을 잘 끌어당기게 된다. 뉴턴(Isaac Newton)의 만유인력의 법칙이다. 돈의 무게가 오를수록 돈의 견인력은 커진다. 그래서 부자가 더 큰 부자가 된다.

돈은 돈을 당기고, 사람도 움직이게 한다. 등을 밀어 움직이게 하는 것보다 돈으로 움직이는 게 훨씬 효과적이다. 돈은 사람을 생각하고 말하고 행동하게 한다. 그래서 돈은 세상을 움직이는 기초다.

돈에 어떤 의미를 담는가에 따라 돈이 그 모습으로 나타난다. 돈에 의미를 부여할 때 돈은 특정한 모습으로 현실에 나타난다.

당신은 돈에 어떤 의미를 담는가?
담고 싶은 돈의 가치는 무엇인가?
인생에서 가장 중요한 가치는 무엇인가?

답하기 쉽지 않은 질문이다. 가족, 행복, 건강, 관계, 부, 명예, 권력, 자비 등 다양한 단어가 떠오른다. 하지만 정답은 없다. 앞서 말한 단어 대부분이 우리의 답이다. 우리는 그렇게 교육받았기 때문이다. 나의 가치가 아닌 사회적 가치를 학습받았기 때문이다. 타인의 기준이 나의 무의식에 자리 잡았기 때문이다. 그들의 욕망과 그들의 기준이 나의 가치가 되어 버렸다. 우리가 타인의 꿈을 좇는 이유다.

돈은 인간 욕망의 상징이다. 그리고 돈에 의미가 담길 때 특별한 가치를 지니게 된다.

돈에 '부의 가치'를 담으면 돈은 소유의 대상이 된다. 돈을 가지면 가질수록 소유는 늘어난다. 그 욕망만큼 돈에 집착하게 된다.

돈에 '건강의 가치'를 담으면 돈을 통해 건강해진다. 자신의 건강을 위해 좋은 영양제와 비타민을 사고, 주기적으로 건강검진을 받는다. 돈을 통해 질병을 예방하고 몸과 마음의 안녕을 유지할 수 있다.

돈에 '자비의 가치'를 담으면 돈을 축복하게 된다. 자신의 돈으로 사회적 약자를 돕고, 기부 활동을 통해 봉사를 이어간다.

돈에 '명예와 권력'을 담기도 한다. 권위와 힘을 돈에 담는 것이다. 누군가의 등을 미는 힘을 갖는다.

그렇다면 부자는 어떤 가치를 담을까?

부자는 돈에 '시간의 가치'를 담는다

우리 삶은 시간으로 이루어져 있다. 조금 더 깨달음을 얻는다면 사실 시간은 존재하지 않는다. 시간은 잠시 눈에 보였다가 사라지는 한 장의 필름임을 알게 될 것이다. 삶이 인생 영화인 이유다. 하지만 '찰나 생멸'하는 '시'를 느끼기에 '시간'은 너무나 생생하다. 그래서 우리 인간은 '과거, 현재, 미래'라는 시간을 만들고 그 시간을 인생으로 느끼고 있다. 그 시간을 이용해 우리는 돈을 벌고 있다. 그리고 그 돈으로 남의 시간을 사고 있다.

우리가 돈을 버는 이유는 다양하다. 그리고 돈에 담는 가치 또한 다양하다. 하지만 부자들에게 있어 가장 중요한 돈의 가치는 '시간'이다. 남의 시간을 사서 나의 시간을 연장하기 위해서다. 밥을 먹고, 옷을 입고, 따뜻한 집에서 나만의 시간을 보내기 위해서다.

더 이상 돈을 위해 내 시간을 낭비하고 싶지 않다. 그래서 밥 해주는 가정부를 들이고, 정장을 맞춰서 입고, 누군가가 구워낸 스테이크를 먹고 와인을 마신다. 나의 시간을 들이지 않고, 그들의 시간을 먹고, 입고, 마시게 된다. 그래서 그들은 돈을 벌고 부자가 되려고 하는 거다.

시간은 다이아몬드이고, 돈은 골드다.

그런데 대중은 자신의 시간을 써서 돈을 벌고 있다. 다이아몬드를 이용해 골드를 벌고 있다. 비효율적인 삶이다. 사장을 위해 자신의 시간을 바치고 있다. 반면 부자들은 자신의 돈을 시간으로 환전한다. 그들은 돈을 써서 남의 시간을 산다. 골드를 이용해 다이아몬드를 사는 것이다.

'돈을 벌기 위해 나의 시간을 투자하고, 남의 시간을 사서 내 시간을 보내는 것'

인간의 삶은 이 테두리에서 크게 벗어나지 않는다. 그래서 시간은 돈이라는 미끼를 가지고 있고, 돈은 자신을 이용해 시간을 낚고 있다. 시간의 즐거움을 위해 돈을 쓰고 있지만, 다음 날 또다시 내 시간을 이용해 돈을 벌고 있다. 그것을 알아가는 과정이 성장하는 인간의 숙명이다.

생각해보자. 돈은 곧 시간이다. 말 그대로 돈이 많으면 시간이 많다. 그래서 부자들은 자유롭다. 시간에 대한 자기결정권이 있기 때문이다. 자신의 시간을 스스로 선택할 수 있다.

반면 직장인들은 그렇지 못하다. 시간에 대한 자기결정권이 없다. 하기 싫은 일을 해야 하고, 정해진 시간에 식사를 해야 한다. 야근하는 경우도 있고, 주말에 출근하는 날도 있다. 앞서 '시간은 다이아몬드이고, 돈은 골드'라고 했지만

사실, 시간처럼 돈도 다이아몬드다.

청춘을 바쳐 돈을 버는 이유는 돈 자체의 숫자를 늘리기 위한 것이 아니다. 자신의 시간을 늘리기 위해서다. 이것을 명심하자.

지금부터라도 자신의 시간을 잘 써라. 아직 남의 시간을 살 능력이 부족하다면, 지금의 시간을 늘려서 사용해라. 앞서 말했듯 시간은 과거, 현재, 미래로 나아가는 것이 아니다. 현재만이 지속되고 있다. 그 현재를 즐기며 살아라. 반은 돈을 벌기 위해 살지만, 나머지 반은 즐겁게 살아라. 어떻게? 깨달음을 통해서다.

당신은 이미 타인의 시간을 사서 살고 있다. 내가 입고 있는 옷

은 누군가의 바느질을 통해 탄생했다. 그들의 시간이 당신의 옷에 녹아 있다. 내가 먹는 김치찌개는 누군가의 손길을 통해 만들어졌다. 내가 앉아 있는 책상과 의자도 마찬가지다. 직접 옷을 만들거나, 점심 메뉴를 요리하거나, 책걸상을 조립한 게 아니다. 그들의 시간을 사서 우리는 지금의 모든 것을 누리고 있다. 나도 모르게 남의 시간을 사고 있다.

돈과 시간의 물고 물리는 관계 속에서 우리는 이미 그렇게 살고 있다. 지금 여기의 당연함은 과거 누군가의 시간이다. 그 시간의 거래 속에 우리는 살고 있다. 이미 당신도 누리고 있다. 그 당연함에 감사하고, 누군가를 위해 쓰고 있는 자신의 시간을 관리해라. 시간에 대한 자기결정권이 늘어갈수록 행복해진다. 그것이 행복한 부자의 모습이다. 당신도 그렇게 될 것이다. 이것만 기억한다면 말이다.

'돈은 시간이다!'

풍요의 자리에 머물러라

'두려움의 뿌리 감정이 뿌리를 내리면 현실이라는 열매를 맺게 된다. 현실이라는 열매는 두려움이라는 씨앗을 품고 있다. 딸기를 먹으며 즐거워하지만 두려움이라는 씨앗도 먹기에 즐거움 속에서 두려움을 느끼게 된다. 즐거워 보이지만, 즐거운 척하는 거다. 그렇게 척하며 인생을 낭비한다. 척하는 오늘은 내일의 일상이 되고 나의 습관이 된다. 습관이 된 감정은 또다시 내면의 뿌리 감정이 된다. 또다시 두려움의 나무를 만든다. 두려움의 숲은 그렇게 퍼져 나간다.'

내 책상 앞에 붙어 있는 포스트잇 내용이다. 부자인 척 살아가는 부자 거지 이야기다. 우리 주변에는 '부자 거지'들이 많다. 돈이 많다고 부자가 아니다. 부자라고 마음이 부자인 것도 아니다. 돈은 많은데 부자가 아닌 경우도 많다.

부의 사전적 의미는 넉넉한 생활이다. 넉넉한 생활을 하는 사람이 부자다. 시간적 여유가 있고, 공간적 자유가 있으며, 인간적 집착이 없는 사람이다. 내가 원하는 시간에, 내가 원하는 곳에서 내가 좋아하는 사람과 즐겁게 일하면 부자다. 하지만 부자 거지는 다르다. 부자 거지는 그냥 돈만 많은 사람이다. 졸부라 불리는 그들이 부자 거지의 전형이다.

돈은 부의 표상이지만, 돈 자체로는 아무런 의미와 가치를 가지지 못한다. 무인도에 사는 100억 부자가 무슨 의미가 있을까? 아무 의미가 없다. 우리는 돈을 통해 넉넉함이라는 풍요를 느낀다. 그 감정을 위해 돈을 번다. 돈은 부를 위해 있는 것이고, 부는 풍요의 가치를 위해 존재한다. 보다 상위 가치를 위해 올라가는 것이 돈과 부와 풍요의 속성이다.

돈 〈 부 〈 풍요 〈 행복, 자유

우리는 100억이라는 돈 자체를 벌기 위해 시간을 보내지 않는다. 그 돈이 주는 넉넉한 생활, 마음의 여유, 내면의 풍요를 위해 돈을 벌고 있다. 물질적 돈을 통해 정신적 부를 얻는다. 이게 기본적인 부의 원리고 돈의 흐름이다. 돈을 통해 부를 얻고, 부를 통해서 풍요의 자리에 머문다. 그 풍요를 통한 삶의 행복, 영혼의 자유가 돈의 최종 목적지다.

앞서 '물질적 돈을 통해 마음의 풍요를 얻는다'라고 이야기했다. 일반적으로 하위 가치는 상위 가치를 향한다. 하지만 세상은 상위 가치에서 하위 가치로 흐른다. 물이 위에서 아래로 흐르듯, 돈도 위에서 내려오고 있는 것이다. 결국 내 마음의 울림, 내면 에너지가 영감을 일으키고, 그 영감에 따른 선택과 행동이 삶을 변화시킨다. 내면이 현실을 바꾸는 것이다. 마음을 풍요의 에너지로 먼저 채워야 한다.

마음의 풍요가 물질적 돈을 창조한다. 마음이 풍요로 가득 차 있을 때, 그 에너지는 마음에 풍요의 뿌리를 내리고, 무의식에 각인된다. 풍요의 감정이 내면에 자리 잡을 때, 물질적 돈이 나에게 전달된다. 대부분 사람이 돈을 벌지 못하는 이유는 하나다. 돈에 대해 풍요의 감정을 느끼지 못해서다. 그들은 돈에 결핍감을 느끼고 있다.

대중은 돈에 대한 두려움과 결핍을 품고 있다. 대중이 부자가 되지 못하는 이유다.

'돈 버는 것은 힘들고 어렵다'라는 생각 때문에 돈 벌기 힘든 현실이 펼쳐진다.

'번 돈을 불려야 하는데, 손해 볼까 두렵다'라는 불안의 무의식이 가상화폐에 투자하게 한다. 그리고 돈을 잃는다.

'오늘은 내가 한턱내는 날인데 돈이 너무 아깝다'라는 감정 때문에 나가는 돈을 축복하지 못한다.

그들은 돈을 버는 것이 힘들고, 돈을 가지고 있을 때 불안하며, 돈을 쓰는 것이 두렵다. 벌고, 유지하고, 쓰는 행위를 모두 '두려움'이라는 부정적 뿌리 감정을 표현하고 있다. 그래서 돈 자체를 못 벌고, 벌더라도 쉽게 잃는 상황을 반복한다.

부자 거지는 어떨까? 돈을 벌지만, 돈을 두려워하고 있다. 돈을 원하지만, 돈을 두려워하는 모순된 마음이 그들을 지배하고 있다. 돈을 벌어 부자가 되었지만, 부의 느낌을 전혀 느끼지 못한다.

부자인 척하며 넉넉한 생활을 하는 듯 보여도, 그들의 딸기는 맛이 없다. 맛있게 먹는 척하는 것이다. 그 척하는 생활 속에서 두려움의 감정은 커지게 된다. 결핍의 뿌리는 점점 깊어지게 된다. 결국에 부자 거지는 돈을 잃게 되는 상황을 맞이한다. 내면의 두려움과 결핍감이 현실로 드러나기 때문이다. 결핍의 숲은 이미 그들의 세상을 뒤덮고 있다.

과정의 변화를 허락하라

대중이 부자 되는 사회는 없다. 그리고 부자 거지가 행복한 세상도 없다. 우리는 대중도, 부자 거지도 아닌 부자가 되어야 한다. 부자는 가난의 자리가 아닌, 풍요의 자리에 머무는 사람이다.

어릴 적 나는 용돈으로 하루에 100원을 받았다. 그 돈을 일주일 모아 200원은 나를 위해 쓰고, 500원은 성당에 헌금하거나 구세군의 냄비에 기부하며 그들에게 감사를 표했다. '베풂과 기부와 감사'는 부자의 권리와 의무임을 그 당시 나는 알고 있었다. 그 부자의 마음을 나는 간직했다.

현실의 돈은 줄어들었지만, 내면의 풍요는 커지고 있었다. 그 마음의 풍요는 경제적 상태와는 무관한 것이었다. 수중에 만 원밖에 없어도 풍요의 자리에 머무를 때, 인생은 꽤 훌륭한 방향으로 흘러가게 된다. 내면의 풍요는 외부의 풍족으로 나타나고, 마음의 자유는 3간의 여유로 이어진다.

월세 18만 원의 고시원에 살던 나도, 12만 원으로 서울 생활에 입문한 스물일곱의 나도, 서른다섯에 빚 10억으로 병원을 차린 나도, 강남 건물주가 된 마흔여덟의 나도 늘 그 자리에 머물러 있었다. 나는 풍요의 자리에 머물렀다. 어차피 부자가 될 것을 그때도 알았기 때문이다.

나에게 돈은 돌고 있었고, 부는 순환되고 있었다. 아무런 일이 일어나지 않는 것처럼 보이는 현실 속에서도, 초라하고 누추한 고시원 안에서도 이미 세상은 바뀌고 있었다. 돈의 회전과 부의 순환은 거대한 태풍처럼 나의 주변에서 일어나고 있었다. 나는 그것을 느끼고 있었다. 그 과정의 변화를 나는 허락하고 있었다. 그러면 삶은 바뀌게 된다.

알고 있는가? 풍요의 자리에 태풍의 눈이 있다. 고요하고 조용한 그 눈의 자리에 머무를 때 태풍 같은 변화는 이미 당신 현실에서 일어나고 있다. 당신의 내면이 풍요로울 때 미래는 찬란할 것이다. 당신도 그 자리에 있기를 바란다. 늘 풍요의 자리에 머물기를 기원한다. 두려움이 아닌 행복한 그곳에서 딸기를 먹어야 한다. 그곳에서 먹는 딸기가 맛있는 것이다.

06

부자의 말투

최근 자주 만나는 모임이 있다. 나와 같은 나이의 76년생 용띠 클럽이다. 이름은 유치하지만 멤버들은 유치하지 않다. 상장사 대표가 있고, 다른 회사를 상장시키는 회사 대표도 있다. 학원장, 병원장, 음향 사업가, 글로벌 기업 임원, 자동차 부품을 만드는 친구 등 자신의 분야에서 자리를 잡고 좋은 성과를 내고 있다.

유치하지 않은 친구들이지만, 한두 달에 한 번씩 만나 회포를 풀며 나누는 이야기는 유치하다. 어느 모임이나 10분 정도 지나면 얘기는 단순해지고 유치해진다. 남자 8명이 모이면 늘 그렇다. 다만 그 단순함의 방향성은 조금 다르다. 지금껏 살아오면서 수없이 많은 모임을 가져 보고, 이끌어보고, 탈퇴하면서 알게 된 결론이다. 세상의 모든 모임은 이렇게 나뉜다. '3불' 하는 모임이 있고, '3감' 하는 모임이 있다.

용띠 클럽은 '3감' 하는 모임이다. 감사하고 감동하고 감탄한다.

"○○야, 라면에 영지버섯을 넣었어? 너무 맛있다. 이렇게 맛있는 라면은 처음이야!"

"○○이는 명절 때마다 고기를 보내. 너무 고마워!"

"○○ 딸이 공부를 그렇게 잘해! 진짜 축하한다, 아빠 머리를 닮았나봐?"

우리는 우리들의 이야기를 한다. 자신의 이야기를 하거나 그 자리에 있는 사람의 이야기를 한다. 그리고 그 이야기 속에는 늘 느낌표가 들어간다. 자신의 일에 감사하고, 친구의 선물에 감동하며, 그가 이룬 성과에 감탄한다. 다들 자신만의 스토리가 있기 때문이다. 그 이야기 속에서 자존감이 자리를 잡는다. 자존감은 주변의 감사와 감동과 감탄으로 더 굳건해진다. 우리 대화가 밖으로 잘 벗어나지 않는 이유다.

또 다른 모임이 있다. '3불' 하는 모임이다. 요즘은 그런 모임에 잘 나가지 않는다. 불평하고, 불만을 가지며, 불안해한다.

"걔는 왜 그런 일을 해서 주변 사람을 힘들게 해. 능력도 없는 애가 시작을 하지 말았어야지."

"세상은 너무 불공평해. 누구는 금수저 물고 태어나서 능력도 없이 저렇게 살고 있는데, 이번 생에 나는 틀렸어."

"이번에 그 얘기 들었어? 그 재벌이랑 연예인이랑 사귄대. 나이 차이가 많던데 그게 말이 돼?"

그들은 그들의 이야기를 하지 않는다. 그 자리에 없는 누군가를 이야기하고, 사회 시스템을 욕하며, 그들과 아무 상관없는 사람들에게 흥분한다. 누군가를 불평하고, 사회나 환경에 불만을 가지며, 그 불평과 불만 속에서 스스로 불안해한다. 나의 스토리가 없기 때문이다. 자신의 이야기가 없기에 공유할 이야기가 없는 것이다. 자신의 내면이 자존감이 아닌 결핍감으로 가득 차 있다. 그 결핍감이 삶의 스토리마저 없애 버린다.

스토리가 없는 삶을 살다 보니 자존감도 점점 사라진다. 불안하기에 그 불안의 이유를 내 안이 아닌 밖에서 찾고 있다. 그 과정이 불평과 불만이다. 그래서 대화가 밖에서만 맴돈다.

"잘했어"가 아니라 "고마워"

얼마 전 엘리베이터를 탔다. 1층에서 한 아이와 엄마가 타길래 "안녕하세요"라고 인사를 했다. 아이도 웃으면서 "안녕하세요"라고 답했다. 아이가 엄마에게 하는 이야기가 들렸다.

"엄마, 나 어제 먹기 싫은 당근을 세 개나 먹었어. 그리고 내일도 먹을 수 있을 것 같아."

귀여운 아이의 입가에 미소가 생겼다. 내릴 때쯤 엄마가 말했다.

"응, 너무 고마워."

신선한 답이었다. 아직도 그 말이 내 귓가에 맴돌고 있다. 나도 결혼해서 애를 낳으면 꼭 해주고 싶은 말이다.

"너무 고마워."

우리는 누군가 일을 잘하거나, 아이가 좋은 성적을 받으면 이렇게 이야기한다.

"너무 잘했어."

그 사람의 능력을 칭찬한다. 그 칭찬에 익숙하다. 하지만 감사는 사람의 존재를 향한다. 존재에 대한 칭찬은 자존감을 높여준다. 우리는 감사의 말을 들었을 때 느낌이 칭찬을 들었을 때의 그것과 전혀 다르다는 것을 알고 있다. 그리고 그 느낌은 무의식에 저장된다. 감사의 마음은 오래가는 것이다.

상대에 대한 감사는 누구나 할 수 있다. 그리고 그 상대가 나일 때, 그 가치는 더욱 빛나게 된다. 나 스스로 '감사합니다'를 자주 말하면 감사할 일이 많이 생기게 된다. 나의 자존감이 높아지기 때문이다.

그리고 자존감이 높아지면 높아진 자존감이 드러날 기회가 많아진다. 자존감, 자기 존재에 대한 만족감이 생길 때 삶에 대한 만족감이 생기고, 그 만족감 속에서 삶에 감사하게 된다. 그러면 나도 모르게 감사하게 된다. 그 감사의 과정 속에서 세상은 나에게 답을 한다.

"감사합니다."

반면 내면이 결핍감으로 차 있을 때 자존감은 바닥을 치게 된다. 존재에 대한 결핍은 스스로에 대한 불안으로 드러난다. 존재에 대한 당당함이 없을 때, 삶에 대한 자신감이 사라진다. 스스로에 대한 신뢰가 사라질 때, 삶에 대한 신뢰도 사라진다. 더 이상 세상은 내 편이 아닌 것이다. 그러면 불안해지고, 그 불안은 불평과 불만으로 이어진다. 그 '3불' 속에서 나의 스토리는 사라진다.

남에 대한 불평과 불만, 삶에 대한 불안이 그 스토리를 채우게 된다. 그러면서 자존감은 사라진다. 우리 내면이 자존감이 아닌 결핍으로 가득 찰 때, 무의식의 결핍은 그런 세상을 만들게 된다. 가난과 궁핍이 나를 감싸게 된다. 그래서 '3불' 하는 사람은 늘 가난하다.

인사하는 삶, 부의 시작이다

"좋은 아파트에 사는 사람들이 인사를 더 잘하는 것 같아요."

내가 한 인터뷰에서 했던 말이다. 일반 아파트에 살 때보다, 부촌의 아파트에 살 때 인사하는 사람들이 더 많이 느껴졌기 때문이다. 물론 그렇지 않은 사람들도 있다. 하지만 확실한 사실은 이거다. 인사를 많이 할수록 더 좋은 아파트에 살게 될 것이다.

매일 아침 엘리베이터에서 이렇게 인사하자.

"안녕하세요. 좋은 하루 보내세요."

그러면 당연히 이런 답이 돌아온다.

"감사합니다. 선생님도요."

더 나아가 이렇게 해보자.

"안녕하세요. 구두가 너무 멋지시네요."

그러면 예상치 못한 답들이 전해진다.

"감사합니다. 선생님도 너무 멋지세요. 연예인 같으세요."

거짓말 같은가? 한번 해보고, 느껴보자. 인사를 통해 전해지는 감사는 하루를 빛나게 해줄 것이다. 그 감사가 자존감을 높여주고, 그 높아진 자존감 속에서 삶이 더욱 반짝이게 된다.

그 인사와 감사를 가장 많이 듣는 사람은 바로 당신이다. 나처럼 하루에 '감사합니다'를 백 번 말해보자. 하루에 열 번 이상 감사할 일이 생기고, 감사 속에 보내는 하루가 나의 일상이 될 것이다.

그리고 한 가지 더 실천하자. 감사와 감동과 감탄하는 사람을 곁에 두어라. '3불' 하는 친구는 관계를 정리하고 연락을 차단해라. 그런 사람을 친구로 두기에 인생은 너무나 짧다. 그렇게 해야 짧은 인생이 길어진다. 감동하면 길어지고, 불평하면 짧아진다. 추억의 시간이 길어지기 때문이다. 그러니 꼭 그렇게 해라.

감사하고, 감동하고, 감탄해라. 그러면 말투가 바뀐다. 감사의 말, 감동의 단어, 감탄의 느낌표가 함께할 것이다. 그 말투가 당신의 세상을 채울 것이다. 그러면 당신은 이미 부자가 되어 있다. 감사하고, 감동하고, 감탄하는 삶이 펼쳐질 것이다. 곧 그렇게 된다.

5장

그 시간들을 보내고
깨달은
인생의 비밀

함부로 열심히 살지 마라

학창 시절 독서실에 다녔다. 학교를 마치고 집에서는 공부할 수 없었다. 작은 방에서 엄마와 함께 생활해 내 방이 따로 없었다. 구석에 있는 책상에 옷가지와 이불이 널려 있었다.

독서실에 도착하면 그날 공부한 것을 복습하고 오답 노트에 내용을 정리했다. 주변을 둘러보면 깜깜한 독서실에 아무도 없었다. 아이러니다. 그 독서실에서 내가 공부를 제일 잘했는데, 내가 가장 늦게까지 남았다. 다들 열심히 공부하는 것처럼 보여도, 그 공부를 오래 지속할 수는 없다. 의지는 절대로 오래가지 못한다. 나도 마찬가지다. 열심히 하려고 하면 절대로 열심히 할 수 없다. 즐거워야 하게 되고, 즐거우면 나도 모르게 앉아 있다. 그러다 문득 고개를 들었다.

'벌써 1시가 되었구나.'

시계는 이미 새벽 1시를 지나고 있다.

당신은 인생의 목표를 이루고 있는가? 삶의 큰 성공과 성취를 이루었는가? 자신의 꿈과 미래를 위해 열심히 달리고 있는가? 많은 사람이 꿈을 이루고 목표에 도달하기 위해 오늘을 살고 있다. 정확히는 오늘을 희생하고 있다. 열심히 살기 때문이다. 뭔가를 이루기 위해, 뭔가를 얻기 위해, 뭔가 되기 위해 노력하고 있다. 하루하루 애쓰며 그곳을 향해 달려가고 있다. 그런데 한번 생각해 보자. 그 '열심히'라는 효율이 과연 얼마나 좋았는가?

어린 시절 나는 초등학교가 아닌 국민학교를 다녔다. 지금으로부터 40년 전쯤에는 국민학교라고 불렸다. 당시 한 학급 정원이 60명이 넘었고, 교사와 교실이 부족해 오전반, 오후반의 2부제를 운영했다. 교실에 빽빽이 앉은 학생들 뒤쪽으로 선풍기가 한 대 있었고, 앞쪽에는 커다란 칠판이 있었다. 칠판 위쪽으로는 태극기가 있었고, 좌우 측에는 교훈과 급훈이 액자에 걸려 있었다. 거기에는 이렇게 적혀 있었다.

'근면 성실 협동'

어린 시절, 나는 그 말이 무슨 뜻인지도 모른 채 교훈과 급훈을 묻는 문제가 나오면 무조건 시험 답안지에 적었다. 새마을 운동이 뭔지도 모른 채 나에게 '근면과 성실과 협동'은 삶의 기본이자 의무로 자리 잡았다. 나뿐만 아니라 당시 같은 시절을 겪은 국민학교 동창들은 비슷한 삶의 자세를 보인다. 그렇게 우리는 '열심히'에 빠져들었다.

요즈음 초등학교 모습은 다르다. 한 교실에 20명 내외의 학생들이 쾌적한 환경에서 공부하고 있다. 교훈과 급훈이 있는 학교도 있지만, 대개 자율적인 환경에서 지내고 있다. 하지만 공부환경이 바뀌었다고 인적환경이 바뀌는 것은 아니다.

지금 학생을 가르치는 선생님은 과거 나와 같이 근면, 성실, 협동의 집단 무의식이 새겨져 있을 것이다. 그 시대를 살지 않았다면 그 시대를 살아온 선생님의 제자일 것이다. 그렇게 우리는 '열심히'를 교육받고, 사회에 나오게 된다. 그리고 그 '열심히'의 늪에 빠진 채, 내일을 살려고 한다. 우리는 오늘을 살지 않는다.

우리의 미래는 아래에 있다

그리스 신화에는 시시포스라는 인물이 있다. 코린토스의 왕으로 알려진 그는 코린토스 시의 창건자였다. 시시포스는 교활하고 못된 지혜가 많기로 유명했는데, 결국 제우스의 분노를 사 저승으로 가게 되었다. 그러자 그는 저승의 신 하데스를 속이고 장수를 누리게 된다. 하지만 그 죄로 인해 저승에서 무거운 바위를 산 정상으로 밀어 올리는 벌에 처해졌다. 정상에 도착한 바위가 아래로 떨어지면 다시 정상으로 밀어 올리는 끝없는 형벌을 받게 된 것이다.

당신과 시시포스의 삶에 차이가 있을까? 시시포스가 끊임없이 바위를 밀어 올리듯, 당신도 매일 목표를 향해 올라간다. 바위처럼 무거운 오늘의 현실을 있는 힘을 다해 내일로 밀어 올린다. 오늘을 누리지 못하고 내일로 하루를 넘기고 있다. '열심히'에 중독되어 '즐겁게'를 못하고 있다. 즐겁게 못 사는 것이다. 이유가 무엇일까? 우리는 왜 늘 위를 향해 올라가고 있을까? 왜 우리가 원하는 미래는 항상 높은 곳에 있을까?

미래에 대한 착각 때문이다. 우리가 원하는 미래는 위에 있다는 착각이다. 생각해보면 우리가 원하는 미래, 꿈, 목표는 늘 위에 있었다. 항상 내 머리 위에서 반짝이며, 열심히 노력해서 이곳에 도착하라고 부추겼다. 그 꿈을 향해 우리는 한 발 한 발 열심히 내디뎠다. 목표를 위해 열심히 바위를 위로 굴렸다. 우리의 미래를 위해 한 계단 한 계단 힘들게 올라갔다.

하지만 진실은 반대다. 시간의 진실을 아는 순간, 미래는 내 아래 있다는 것을 알게 될 것이다. 우리는 시간의 최면에 빠져 있다. '시간은 과거, 현재, 미래로 흐르며 그 역순은 존재하지 않는다'는 착각이다.

20세기 최고의 천재 물리학자 아인슈타인(Albert Einstein)은 이렇게 말했다.

"시간은 환영이다."

그는 시간은 똑같이 흐르는 것이 아니고, 중력과 속도에 따라 뒤틀리고 늘어나는 것이라고 말했다. 더 나아가 과거, 현재, 미래는 동시에 존재한다고도 말했다. 이는 아인슈타인 이후의 수없이 많은 양자 물리학자들의 주장이기도 하다.

시간은 그 순서로 관찰되지만 사실 과거, 현재, 미래는 이미 펼쳐져 있다. 현재가 존재하는 순간, 미래도 이미 존재해 전달될 뿐이다. 우리가 올라가야 한다고 착각한 미래는 이미 발아래 놓여 있는 것이다. '지금 보내는 오늘'이 우리가 경험할 '이미 존재하는 내일'로 연결되어 땅이 솟아오르듯, 그 미래도 곧 맞이하게 된다. 열심히 그곳에 올라가지 않아도, 미래는 내 발밑에서 올라온다. 그러니 그냥 즐기면 된다. 내일 해가 뜨면, 우리는 그곳에 도착해 있을 것이다.

그렇다고 막 살라는 의미가 아니다. 막 사는 마음의 기저에 어떤 무의식이 있는지는 당신도 알고 있다. 그리고 그 무의식은 철저하고 정확하게 그 모습을 현실에 펼쳐낸다.

'대충 살아야지' 하는 무의식은 '대충 살게 해주는' 인생을 펼쳐낸다.

'열심히 살아야지' 하는 무의식은 '열심히 살게 해주는' 삶을 숙제로 내준다.

'즐겁게 살아야지' 하는 무의식은 즐거운 오늘, 재미있는 내일, 흥거운 모레를 선물로 보내준다.

그러니 애써 올라가려고 하지 말자. 편하게 내려가자. 그게 우리의 미래다.

부의 최단곡선

A지점과 B지점이 있다. A보다 앞으로 10m, 밑으로 10m 아래에 B가 있다. A에서 B까지 가는 가장 빠른 길이 무엇일까? 모든 사람의 대답은 똑같다. A에서 B까지의 직선거리다. A에서 B까지 똑바로 바라보고, 한눈팔지 않고, 직선을 따라 열심히 뛰어가면 가장 빨리 도달한다는 게 우리의 상식이고, 열심히 살아온 한국인의 답

이다.

아무리 우리의 미래가 아래에 있고, 그 내리막을 즐겁게 가라고 해도 그 길을 즐기지 못한다. 내리막을 향해서도 열심히만 내려간다. 그 직선 길이 우리의 꿈과 목표를 향한 가장 빠른 길이라는 착각에 빠져 있기 때문이다.

우리의 꿈, 목표, 소망을 위해 가장 빨리 가는 방법은 미끄럼 타듯, 인생을 즐기며 내려가는 것이다. 직선으로 뛰어가는 것보다, 미끄럼 타듯 즐기며 내려갈 때 원하는 미래에 더 빨리 도달할 수 있다. 그것이 바로 '브라키스토크론(brachistochrone curve)' 부의 최단곡선이다. 이게 세상의 진실이고, 우주의 진리다.

함부로 열심히 살지 마라. 당신이 원하는 미래는 아래에 있다. 현실의 아래에서 곧 펼쳐질 미래로 이미 존재하고 있다. 그 미래를 즐기기 위해 오늘을 즐겨보라. 즐겁게 사는 게 충실히 사는 것이다. 그리고 그 즐거운 충실함 속에서 미래와의 연결성이 보일 것이다.

열심히 위를 향해 살지 마라. 즐겁게 살다 보면 아래에 도착해 있을 것이다. 즐거우면 하게 된다. 이미 열심히 한 것이다. 그때 고개를 들어봐라. 시계는 이미 1시를 지나고 있다.

내 미래를 만드는 방법

당신은 책을 읽고 작가에게 메일을 보내본 적 있는가? 거의 없을 것이다. 얼마 전 독자로부터 메일을 하나 받았다.

"작가님의 도서를 읽고 있습니다. '현재의 나를 허용하지 않기에 미래의 나도 허용할 수 없다. 지금의 나를 있는 그대로 받아들일 때 미래도 끌어당길 수 있다. 원인, 과정, 결과를 모두 허용할 때 결과도 드러나는 것이다. 그러므로 현재의 나를 충분히 허용하라'라는 구절이 있는데, 만일 목표는 대기업에 취직하는 것이지만 매일 넷플릭스만 보는 백수 상태일 때 이 백수 생활을 충분히 허용하고 받아들이면, 내가 원하던 대기업에 취직할 수 있다는 의미인지요.

어떻게 이 구절을 이해하면 좋을까요?"라는 내용이었다.

책을 읽는 동안에도 작가와 대화하지 않는데, 책을 다 읽고 이야기하는 경우는 더욱 드물다. 그래서 작가들은 이런 독자의 메일을 소중히 생각한다. 실제로 답을 주는 경우도 많다. 나 같은 경우, 최대한 답을 드리려 노력한다. 한 자 한 자 소중히 담은 사연에 응답하는 즐거움은 또 다른 기쁨이다.

이 메일은 내가 스무 살 때부터 고민했던 내용이다. 그 어디서도 알려주지 않았던 '내 미래를 만드는 방법'에 관한 것이다. 다만 이 부분은 나와 세상에 대한 앎을 바탕으로 할 때 더 힘을 낼 수 있다. 론다 번이 말한 '간절하게 원하면 이루어진다'라는 시크릿 또한 이 원리를 이해할 때 활용할 수 있다.

수학 공식만으로는 수학 점수를 10점밖에 받지 못한다. 하지만 원리를 이해할 때 좋은 성적을 낼 수 있다. 다음은 100점 인생을 응원하며 보낸 회신이다.

안녕하세요. 이하영 원장입니다. 수많은 스팸 속 반짝이는 선생님의 메일이 보여서 답 드립니다. 허용이라는 것은 체념이 아닙니다. 체념은 미래를 포기하는 것이죠. 허용은 백수인 지금 열심히 노력하는 상태를 포함합니다. 아무것도 하지 않는 현실을 통해 대기업에 입사하는 미래는 나타날 수 없습니다. 그것은 선생님이 '이미 알고(무의식)' 있습니다. 내면 깊은 곳에 위치한 무의식이 그것을 알고 있습니다. 그 무의식이 우리의 현실을 만들고 있습니다.

'나는 대기업에서 일하는 사람이다'라는 관념이 무의식에 자리 잡을 때, 대기업에 입사한 미래가 펼쳐집니다. 하루하루 열심히 준비하는 과정이 대기업 입사라는 결과와 이어집니다. 오늘의 모습이 백수라고 지금의 현실을 외면한다면 미래의 모습도 부정하는 결과를 초래합니다. 과정이 있어야 결과도 있으며, 백수의 과정이 있어야 대기업 사원의 모습도 있습니다. 그것이 허용입니다.

지금 백수라는 점과 미래의 직장인이라는 점은 연결되어 있습니다. 그 연결을 잇는 힘이 '허용'입니다. 지금을 허용해야 미래를 허용할 수 있습니다. 오늘을 부정하면 내일의 변화도 거부하는 것이며, 그로 인한 미래의 성장도 저항하는 겁니다. 시점과 시점은 연결되어 있습니다. 그것이 스티브 잡스가 말한 점들의 연결(connecting dots)입니다. 대기업에 다니는 하루만큼, 오늘을 충실히 보내보세요. 그 연결성 안에서 삶이 이미 변해 있습니다.

시간은 하나의 점으로 존재한다. '찰나'라는 시점이다. 우리는 시간 속에 사는 게 아니라 시점에 존재하고 있다. 순간에만 머물러 있다. 지금 여기라는 시점에 살고 있다. 미래를 위해 사는 것은 불가능하며, 무의미하다. 지금의 시점은 미래의 시점과 연결된다. 시점과 시점의 연결이 시간이다. 시간의 '사이 간(間)' 자가 그 연결을 의미한다. 그래서 과거와 미래 사이를 시간이라 하는 것이다. 이 둘은 이어져 있다. 피자를 시키면 콜라가 따라오듯, 과거가 있으면 미래가 있다. 원인 없는 결과는 존재할 수 없다. 단순하고 당연한 말이지만 이 말에 대해 사유를 하는 사람은 별로 없다.

사람들은 대부분 현재를 부정한다. 넷플릭스를 보고 있는 백수의 현재를 싫어한다. 지금 당장 백수의 현실을 벗어나고 싶다. 내가 원하는 회사, 남들이 부러워하는 대기업에서 일하고 싶다. 오늘을 거부하고 미래를 허용하고 싶다. 그 미래를 꿈꾸며 오늘을 외면한다. 그래서 안 되는 것이다. 현실을 부정하면 미래도 부정하게 된다.

원하지 않는 현실이 펼쳐졌던 진짜 이유

원인이 결과를 만드는 것이라면, 과정은 원인과 결과의 사이에 존재한다. 그리고 그 사이에서 원인과 결과를 연결한다. 오늘은 그 과정에 해당한다. 백수인 오늘이 대기업 다니는 미래를 만들고 있다.

당신도 그렇게 생각하는가? 절대 그렇게 생각하지 않고 있다. 왜 그럴까? 생각은 당신이 아닌 당신의 무의식이 만들기 때문이다. '나는 무능한 백수다'라는 나에 대한 정의, 무의식이 부정적으로 채색되어 있으면, 그 무의식이 생각을 일으키고 말과 행동으로 이어져 백수로 연결되는 삶이 펼쳐진다.

'내 현실은 왜 이렇지? 이번에 꼭 붙어야 하는데 또 떨어질 것 같아. 이번 생은 망했어. 그냥 넷플릭스나 보자.'

무의식의 결핍이 그대로 두려운 생각으로 연결된다. 그리고 그 불안한 생각은 나의 부정적 말과 나태한 행동을 통해 부정적 현실을 펼쳐낸다. 또다시 불합격하는 결과가 나오는 것이다. 이것이 현실이 펼쳐지는 원리며, 백수 생활이 반복되는 이유다.

내가 백수지만 대기업 입사를 위해 시간을 보내고 있음을 알아야 한다. 자신이 성장하고 발전하는 오늘을 허용해야 한다. 그 허용이 오늘의 백수를 허락하게 한다. 지금은 백수지만 '오늘의 노력이 과정으로 필요함'을 알기 때문이다. 그리고 지금의 시간에 감사하게 된다. 20년 뒤 임원이 된 내가 회상하는 과거가 지금이기 때문이다. 나도 그랬다. 48살의 성공한 의사 인생을 위해 20살의 고시원 재수생이 필요한 것이다. 그 힘든 과거가 성공한 미래와 연결된 과정임을 알면, 그 시간을 즐길 수 있는 힘이 생긴다. 그것이 깨달음의 힘, 앎의 힘이다.

'내가 20대에 그렇게 노력했지, 너무 고마워. 네가 있었기에 지금의 내가 있어. 나는 20대의 나를 진심으로 존중해.'

내가 감동하고, 스스로 감탄하는 과정에 있을 때 점은 이미 연결되어 있음을 알게 된다. 그때 비로소 나는 감사 속에 존재함을 알게 된다. 나 자신에게 질문을 던져보자.

오늘 하루 즐겁고 충실하게 보내고 있는가?
나는 오늘의 나에게 감동할 수 있는가?

자신에 대한 감동은 '삶에 대한 감사'로 시작된다. 그리고 삶을 감사할 때, 오늘 하루를 감사하면서 허용이 이루어진다. 감사하면 받아들이게 된다. 그 과정을 통해 우리는 미래를 선물 받게 된다.

독일의 시인 릴케(Rainer Maria Rilke)는 '질문을 안고 평생을 살다 보면, 답 속에 살아가는 우리를 볼 것이다'라고 말했다. 나에 대한 질문과 오늘의 감사 그리고 자신에 대한 감동, 그 과정을 통해 지금을 허락해라. 그것은 다른 누군가가 해주는 것이 아니다. 스스로가 해야 하는 삶의 과제다. 그 빛나는 미래를 위해 오늘에 감동하라. 알고 있는가? 지금 여기가 이미 미래다.

03

있는 자는 더 넉넉해지고,
없는 자는 더 가난해진다

아침에 눈을 떠 나의 리추얼로 하루를 시작한다.

'나의 하영아, 너 덕분에 이번 생은 너무 행복해. 감사해.'

이불 정리를 하고 세안하고 책상에 앉아 스탠드를 켜고, 안경을 쓰고 펜과 노트를 준비한다. 그리고 노트북을 열어서 전원 버튼을 누른다. 어젯밤에 읽은 책을 정리하고 요약하고 기록한다. 문득 고개를 들어 주변을 살펴본다. 발가락을 덮고 있는 실내화의 포근함이 나를 감싸고 있다. 향긋한 아메리카노는 나의 서재를 채우고 있다. 그러면 저절로 미소가 생긴다. 이 모든 것에 감사하는 마음이 생기기 때문이다.

내가 가진 것에 대한 감사, 행복과 즐거움의 시작이다. 눈앞에 노트북에 감사하고, 내 생각을 정리해주는 노트와 펜에 감사하고, 새벽을 비춰주는 스탠드에 감사한다. 이 시간을 나와 보내는 수많은 책에 감사하고, 그것과 함께하는 실내화, 커피, 책상, 걸상, 이 모든 것에 감사하는 마음이 든다. 지금 이 순간을 위해 이 모든 것들이 나와 함께하고 있다.

《성경》의 마태복음에서 예수는 '가진 자에게는 더 많이 주어질 것이고, 가지지 못한 자는 가진 것조차 빼앗길 것이다'라고 했다. 어릴 때는 잘 이해되지 않았다. '부익부 빈익빈'에 대한 이야긴가 싶었다. 이런 뻔한 얘기가 왜 성경에 쓰였지 도무지 알 수 없었다. 하지만 나는 요즈음 이 말에 너무 공감한다.

내면이 풍요로우면 외면도 풍족해진다. 마음이 부자인 사람이 현실에서도 부자인 이유다. 무의식이 감사와 축복으로 가득 차 있으면 오늘 하루 그대로 펼쳐진다. 하지만 많은 사람은 지금 이 순간에 감사하지 않는다. 지금 가진 것보다는 앞으로 가질 것에, 내가 이룬 것보다는 앞으로 이룰 것에, 이곳보다는 저곳에 눈을 돌린다. 있는 것보다는 없는 것에 관심을 둔다. 그것이 바로 결핍의 마음이다.

내 마음이 결핍으로 가득 차 있을 때, 없는 것에 눈을 두게 된다. 그리고 그 없는 것을 집착하는 과정에서 또다시 결핍이 우리를 감싼다. 무의식에 결핍이 각인되어, 늘 없는 마음과 가난한 현실이 반복된다.

없는 것만 바라보면 없는 자가 되어버려 있는 것도 사라진다.
있는 것에 감사하면 있는 자가 되어버려 없는 것도 나타난다.

내 책상 앞에 붙여진 포스트잇 내용이다. 첫 문장은 대중의 눈이다. 그들은 오늘을 위해 살지 않는다. 지금 여기 펼쳐진 눈앞의 현실에 만족하지 못한다. 지금보다는 미래를, 여기보다는 저기를 꿈꾸며 살고 있다. 늘 가지지 못한 것을 가지려 한다. 이루지 못한 것을 성취하려 노력한다. 자신과 비슷한 또래의 SNS를 보며 그들의 삶을 시기하고 질투한다. 대중의 삶이다. 항상 없는 것만 바라본다. 그러면 없는 자가 돼버린다.

자신의 생각, 감정, 느낌이 결핍에 초점이 맞춰진다. 그 이후 나타나는 반응, 의도, 행위는 그 결핍을 채우기 위한 과정으로 나타난다. 그 결과 '나는 결핍된 사람이다'라고 스스로 규정짓게 된다. 이 스스로에 대한 정의가 우리 무의식에 각인된다. 그 무의식이 결핍된 세상을 만들기 시작한다. 없는 것만 바라보면 없는 자가 되어버려 있는 것도 사라지는 세상이 펼쳐지는 것이다.

두 번째 문장은 부자들의 눈이다. 그들은 자신이 가지고 있는 것에 감사한다. 자신이 이룬 것에 감사하고, 그 과정에서 도와준 사람들에게 감사를 표한다. 지금 하는 일에 감사하고, 그것을 도와주는 직원들에게 감사한다. 오늘의 감사가 일상이다.

일상인 현실을 굳이 사진으로 남겨 놓지 않는다. 그래서 부자들의 시간과 공간이 SNS에 잘 보이지 않는다. 대부분, 부자 거지들이 그들의 결핍을 남들의 관심으로 채우기 위해 남긴다. 부자들은 있는 것에 감사하고, 주변에 감동한다. 그러면 있는 자가 돼버린다.

나의 생각, 감정, 느낌이 풍요로 채워진다. 그들의 반응, 의도, 행위도 그 결을 같이 한다. 그들의 무의식이 '나는 풍요로운 사람이다'라고 각인되는 것은 당연하다. 그 무의식은 이제 더욱 풍족한 세상을 만들기 시작한다. 있는 것에 감사하면 있는 자가 되어버려 없는 것도 나타난다.

당연한 것에 감사하라

내가 좋아하는 말이 있다.

'결과는 찰나의 과정이고, 과정은 결과의 연속이다.'

누구에게나 원하는 '결과'가 있을 것이다. 그 결과는 살고 싶은

집, 갖고 싶은 직업, 건강, 외모, 이성친구, 결혼, 돈 등이 될 것이다. 누군가의 꿈이고, 목표고, 소망이다. 하지만 우리는 이미 경험적으로 알고 있다. 목표를 이루고 결과에 도달하는 순간, 그 결과는 또 다른 결과의 과정이 된다.

내 집을 가지면 더 큰 평수의 집을 갖고 싶고, 더 큰 평수를 가지면 한강뷰 아파트에 살고 싶다. 대기업에 입사하면 부장이 되고 싶고, 부장이 되면 임원이 되고 싶다. 눈이 예뻐지면 코가 미워 보이고, 코를 수술하면 이마가 못나 보인다. 우리는 늘 욕망하고, 그 욕망을 채우기 위해 산다. 그런데 욕망의 충족은 일어나지 않는다. 소유욕, 명예욕, 관계욕, 인정욕 등은 충족된다고 사라지는 것이 아니기 때문이다.

욕망도 하나의 무의식이다. 욕망이라는 무의식은 스스로가 사라지기를 원하지 않는다. 오히려 욕망은 그것이 단단히 자리 잡길 바란다. 나의 고정관념이 되길 바란다. 늘 유지되기를 바라는 관념의 생명력이다.

그래서 어렵게 욕망을 충족해도 또 다른 욕망이 나타난다. 우리가 원하는 꿈, 목표, 소망은 그것을 이루더라도 또 다른 욕망으로 이어진다. 더 큰 욕망을 위해 지금의 결과가 잠시 필요한 것이다. 결과가 찰나의 과정인 이유다.

하지만 과정은 다르다. 과정은 내가 원하는 결과를 위해 끊임없이 나타나고 있다. 지금의 과정이 있어야 결과가 존재하기 때문이다. 과정과 결과는 하나의 선으로 연결되어 있다. 오늘은 과거의 과정이 펼쳐낸 결과다. 어제의 과정, 일주일 전의 과정, 한 달 전, 1년 전의 과정이 지금 여기에 결과로 드러나고 있다. 우리가 그토록 원하고 바랬던 '결과'가 지금 여기라는 '과정'에 있는 것이다. 과정이 연속된 결과인 이유이다. 그 과정에 감사하는 것은 결국 우리가 원했던 꿈, 목표, 소망에 감사하는 것이다. 과정의 감사가 결과의 감사다.

지금의 감사는 과거 노력에 대한 감사다. 그 축복이 미래의 풍요로 이어진다. 과거의 꿈이 오늘의 과정이고, 오늘의 과정이 미래의 목표와의 연결임을 아는 것, 그 앎이 우리의 내면을 풍요로 채워준다.

스무 살의 내가 그토록 원했던 삶이 바로 오늘이다. 오늘의 당연함은 스무 살의 간절함이 만든 것이다. 그 당연함에 감사하는 것, 그것이 풍요의 본질이다.

오늘의 당연함에 감사하라. 지금 내 주변에 있는 모든 것들에 감사해보자. 나를 감싸고 있는 이 모든 것들이 감사와 감동의 도구다. 당신이 10년 전에는 꿈꾸지도 못했던 것들이다. 오히려 꿈꾸고 바랐던 것들일 수도 있다. 그러니 모든 것에 감사하자. 있는 것에 감사할 때, 있는 자가 되어버려 없는 것도 나타난다.

외모 집착과 콤플렉스에서
벗어나는 법

2006년 배우 김아중 주연의 〈미녀는 괴로워〉라는 영화가 개봉되었다. 실력은 있지만 뚱뚱한 외모로 인해 립싱크 가수, 코러스로 활동하는 한나의 이야기다. 그녀는 외모지상주의라는 철저한 한국적 정서에 밀려 자신의 꿈을 펼치지 못한다. 짝사랑하는 남자에게도 버림받은 그녀는 인생의 반전을 꿈꾸며, 전신 성형을 감행한다.

몇 번의 수술로 화려하게 변신한 그녀는 자신의 과거를 숨긴 채, 또 다른 활동명으로 살아간다. 매력적인 목소리보다 큰 눈, 오똑한 코, 갸름한 턱라인, 날씬한 몸매로 대중에게 어필하며 어느새 톱스타로 성장한 한나는 최정상의 자리를 앞두고 있다. 그러다 우연히 자신의 과거가 들통나고, 수술로 외모를 바꾸었다는 사실도 알려지며 대중의 지탄을 받는다. 물론 한나는 이를 정면 돌파하며 영화는 해피엔딩으로 끝난다. 영화만큼 사랑받은 영화 속 주제가 '마리아'는 지금까지도 기억되는 노래다. 가끔 그 속에 춤추고 있는 한나의 모습이 떠오른다.

이 영화의 제목은 〈미녀는 괴로워〉다. 그런데 과연 미녀는 괴로울까? 영화 속 주제는 하나다. 여자는 예쁘고, 날씬해야 한다. 그래야 자신의 재능과 따뜻한 마음을 어필할 수 있다. 물론 영화 후반부로 갈수록 한나의 순수하고 솔직한 마음이 큰 힘을 발휘해 위기를 극복하는 모습을 보여준다. 외모가 아닌 마음이 중요하다는 것을 보여주기 위한 장치다. 그러면서 외모지상주의를 비판한 영화로 널리 홍보했고, 언론에서의 호평도 이어졌다.

2006년 개봉 당시 600만 명이 넘는 관객을 모았던 영화였다. 김아중을 스타덤에 올려놓은 로맨틱 코미디 최고의 작품이었다. 다만 이 영화의 주제가 '외모보다 마음이 중요하다'라는 것에 대한 의문은 지금까지 남아 있다. 오히려 나는 반대로 느껴졌다. 외모가 뛰어나고, 매력적인 여자만이 자신의 내면과 재능을 보여줄 수 있다는 느낌이 강했다. 한나의 착한 마음은 변함없었지만, 그 모습에 관심을 보이는 것은 성형 후의 시간이었다.

〈미녀는 괴로워〉는 철저하게 우리에게 숨겨져 있는 외모 제일주의를 보여줬고, 외모지상주의를 조장하는 것처럼 느껴지기도 했다. 그렇다고 감독을 탓하는 것은 아니다. 우리 사회는 이미 그렇게 받아들이고 있다. 집단 무의식 속에는 이미 외모에 대한 집착이 각인되어 있다. 대중에게 어필하는 영화를 만드는 것은 감독으로서 너무나 자연스럽고 당연한 일이다.

〈미녀는 괴로워〉의 미녀는 괴롭지 않았다. 우리 사회의 미녀는 즐겁게 산다. 그래서 대중이 즐겁지 않은 것이다. 즐겁지 않은 것은 미녀가 아니고 대중이다.

많은 사람이 외모를 가꾸기 위해 노력한다. 젊은 여성뿐 아니라 중년 여성, 중년 남성들도 마찬가지다. 아이돌을 꿈꾸는 중고등학생도 화장하고 성형수술을 하는 시대다. 아름다운 외모는 어느 시대와 지역을 막론하고 부러움의 대상이다. 인간관계에서도 유리하고 이점이 많다.

외모를 가꾸는 일은 자기관리의 영역이기 때문에 의지와 끈기가 있어야 가능한 일이다. 문제는 이에 대한 집착이다. 너무 외모에만 신경을 쓰는 것이다. 자신의 얼굴에 대한 집착은 나이가 어릴수록 심하다. 하루 종일 거울만 보는 젊은 여성이 많아지고 있다. SNS에 올라온 친구의 얼굴에 집착하고 셀럽의 모습에 열광한다. 그들의 큰 눈, 오똑한 코, 갸름한 턱라인에 집착하고, 그들의 복사판이 되려고 수술한다. 그러면서도 셀럽의 변화된 모습은 시기한다. 연예인의 예뻐진 모습을 질투하고, 성형 전후 사진에 악플을 단다. 예쁜 얼굴에 집착하지만 예뻐진 얼굴은 질투하고, 예뻐질 자신은 기대한다.

인간이 가진 최고의 양가감정이다. 왜 우리는 외모에 집착하고, 나와 너에 대해서 다른 잣대를 대고 있을까? 결국은 외모에 대한 기준이 없어서다. '외모가 무엇이고, 그것이 어떤 의미를 지니는지'에 대한 가치관이 없어서다.

외모는 겉으로 드러나 보이는 모양을 뜻한다. 나를 표현하는 가장 바깥의 모습이 외모다. 피부를 경계로 안쪽은 '나'이고, 바깥은 '내가 아닌 것'이다. 그런데 이 피부 안쪽의 얼굴과 몸은 마음과 이어져 있어 얼굴 표정은 우리의 감정을 드러내고, 몸의 활력은 좋은 기분에서 출발한다.

외면은 내면을 표현하고, 내면은 외면을 통해 드러나고 있다. 더 구체적으로는 무의식적 결핍이 외모로 투영되고 있다.

사실 우리가 외모를 꾸미고 가꾸는 이유는 결핍감을 채우기 위해서다. 자신의 얼굴과 몸매에 마음의 결핍이 드러난 것이다. 그래서 외모에 자신이 없고, 몸매는 늘 뚱뚱해 보인다. 외모가 나의 내면을 보여준다는 진리를 외면하고 있다. 대신 외모는 예뻐야 하고,

몸매는 날씬해야 한다는 대중의 상식을 자신의 가치관으로 받아들인다. 그 집단적 무의식이 내면에 들어와 내 생각처럼 활동한다. 그래서 외모 기준이 대중의 눈과 비슷해진다.

대중을 이끄는 미디어와 언론은 항상 예쁘고 멋진 사람들을 보여준다. 그래서 우리는 집착하는 것이다. 더 예뻐지고, 더 살을 빼야 한다. 눈은 커야 하고, 코는 더 높아야 한다. 그래야 나의 결핍감이 충족될 것 같은 느낌이 든다.

매는 개를 부러워하지 않는다

내면이 결핍될 때 외모에 집착하게 된다. 인간은 본능적으로 부족한 것을 채우려 한다. 하지만 우리는 모든 것이 채워진 사람이 아니다. 부족한 부분이 있어야 채워질 부분이 있고, 단점이 있어야 장점이 있다. 나온 곳이 있어야 들어간 부분이 있고, 높은 곳이 있어야 낮은 데가 있다. 그게 우리의 '개성'이다. 나는 남들과 다른 존재이고, 그 다름이 우리를 구분 짓게 한다. 그 개성이 바로 나만의 매력, 나의 특별함이다. 비슷한 집단에선 탁월함이 있지만, 전혀 다른 군에서는 특별함이 존재한다.

하늘을 날고 있는 매가 땅에서 산책하는 개를 보고 있다.

'개는 사람에게 저렇게 사랑받는 존재구나. 나도 이제 개가 되어야겠다!'

이렇게 생각하는 매는 없다. 그저 각자의 개성대로 살 뿐이다. 이른 봄에 피는 목련은 뒤에 피는 벚꽃을 부러워하지 않는다.

하지만 인간은 다르다. 인간은 매보다 개를 좋아한다. 개화한 목련의 사진은 찍지만, 낙화한 목련에 눈길을 주지 않는다. 그들을 밟으며 만개한 벚꽃을 찍고 있다. 벚꽃이 질 때는 꽃비를 맞으며 웃고 있지만, 앙상한 가지의 벚꽃 나무에는 늘 관심이 없다. 항상 아름다운 모습만 기억하고 사랑한다. 내면의 결핍이 아름다움에 대한 집착으로 드러나고 있다.

꽃이 핀 것도 벚꽃이고, 가지만 남은 것도 벚꽃이다. 매는 매로서 매력이 있고, 개는 개로서 개성이 있다. 하지만 내면의 결핍은 그것을 허용하지 않는다. 매는 개가 되어야 하고, 벚꽃은 꽃이 피어야 한다고 생각한다. 눈은 그녀만큼 커야 하고, 코는 누구보다 오똑해야 한다. 그래야 외모의 결핍이 해결될 것 같다. 대중의 상식에 부합되는 나의 외모가 내면의 결핍을 해결해줄 것 같지만, 정반대다.

내면의 결핍이 사라질 때, 외모에 대한 집착이 사라진다. 내면이 자존감으로 가득 찰 때, 외모가 그 자존감을 표현하는 매개체로 작용한다. 자기 존재에 대한 만족감, 자존감이 얼굴을 통해 드러나게 된다. 그 자존감이 자신의 매력이고, 나만의 개성인 것이다.

외모는 우리 내면의 매개체다. 그리고 그 매개체는 나의 매력과 개성을 표현하고 있다. 남들과 똑같은 눈, 코, 입, 몸매가 나의 개성은 아니다. 그것은 매가 개가 되려 하는 것이다. 매개체는 매가 개가 되는 것이 아닌, 매력과 개성을 표현해야 한다. 그때 비로소 외모의 집착에서 벗어날 수 있다.

목련이 질 때, 떨어진 꽃잎에도 아름다움을 느낄 수 있을 것이다. 그게 바로 당신이다.

부정적인 생각을 역이용하라

삶의 기본기는 책, 운동, 명상이다. 이 책의 마지막까지 이 얘기를 하는 이유는 명확하다. 진심으로 성공하는 삶의 도구기 때문이다. 1년만, 아니 3개월만이라도 이 3가지를 30분씩 해보자. 명상은 3분만 해도 좋다. 보내는 시간이 즐겁고, 자주 가는 장소가 바뀌며, 친구는 이미 변해 있을 것이다. 그러면 인생의 시나리오가 바뀌기 시작한다. 삶은 인생 영화며, 우리는 그 영화의 작가다. 작가의 도구가 바뀌면 영화의 내용은 풍성해진다. 볼거리가 많은 영화가 흥행에 성공한다. 당신의 삶이 빛나게 된다.

그런데 아무리 말해도 쉽지 않다. 시작이 어렵기 때문이다. '시작이 반이다'라는 뻔한 표현을 쓰지 않더라도, 시작은 어렵다. 관성을 깨는 게 어렵기 때문이다. 가만히 있는 돌을 굴릴 때 가장 큰 힘이 들어가는 이유다. 그 돌에 짐이 실릴 때 우리는 좌절한다. 마치 못이 박혀 있듯 돌은 꼼짝하지 않는다. 그 짐이 우리의 '다짐'이다. 뭔가 하려고 할 때, 더 하지 못하게 된다. 하려고 마음먹을 때, 그 마음만큼 몸이 무거워진다. 마음도 질량이 있다. 그래서 마음먹기 전에 움직여야 한다.

마음보다 눈이 앞서야 하고, 눈보다 손이 빨라야 하며, 손보다 발이 가 있어야 한다. 책이 보이면 '읽어야겠다'라는 생각이 들기 전에 발로 다가가 손이 펼쳐야 한다. 생각이 앞서는 순간 마음은 무거워지고, 몸은 피로해진다. 발이 떨어지지 않고, 손은 무력하다. 이미 승부는 결정 났다. 생각의 승리다.

이처럼 '무엇을 해야지' 하는 생각은 마음을 무겁게 한다. 생각이 짐이 되는 순간이다. 생각의 속성이다.

우리가 하는 생각 대부분은 부정적이다. 과거에 대한 후회 혹은 미래에 대한 불안이다.

'내가 어릴 때 공부를 더 했어야 했는데……', '그때 그녀와 헤어지지 않았어야 해', '어젯밤에 내가 왜 라면을 먹었지?' 과거의 후회다.

'이번에 투자한 거 떨어지면 어쩌지?', 내일 발표를 잘할 수 있을까?', '이번 면접 때 꼭 붙어야 하는데 잘 될까?' 미래의 불안이다.

과거와 미래가 모두 부정으로 물들어 있다. 그 생각을 온종일 하고, 나머지는 쓸데없는 망상을 한다.

'어릴 때 공부를 잘했으면 어땠을까?', '그녀와 헤어지지 않았으면 지금 뭘 하며 시간을 보내고 있을까?', '이번에 로또 걸리면 차를 뭘로 바꾸지?' 등 망상 속에서 시간을 보낸다. 인간이 하는 하루 6200여 가지의 생각 중 대부분이 고민과 망상의 반복이다. 생각은 부정에 잠겨 있다.

'하자'가 아닌 '하지 말자'고 다짐하라

이제부터는 생각의 부정성을 이용해보자. 부정성을 부정하여 긍정으로 이어가는 것으로 내가 하는 방법이다. 눈앞에 책이 있다. 책은 한 줄만 읽으면 된다. 그러면 읽게 된다. 돌이 구르기 때문이다. 그 굴림을 생각으로 일으키면 된다. 어떻게? 부정하면 된다.

'책 한 줄을 읽지 말자.'

책 한 줄을 읽지 말아야 하는 이유를 생각해본다. 책은 지루하고 재미가 없다. 눈도 아프고, 손도 피로하다. 팔을 뻗는 것도 힘들다. 책은 읽으면 안 된다. 그 부정적 생각에 생각을 이어 가보라.

어느새 나는 책 한 줄을 읽고 있다.

의식적으로 '책 한 줄 읽지 말자'라고 생각하는 순간, 나의 무의식은 '책 한 줄 읽어야 하는 이유'를 스르륵 펼쳐낸다. 내 생각보다 강력한 무의식적 영감이다. 그 무의식이 책 읽는 충동으로 이어진다. 그러면 손은 이미 책으로 간다. 나는 한 줄을 읽고 있다.

운동도 마찬가지다. 진료실에서 상담하면서 늘 앉아 있다 보니 하체가 부실해지는 느낌이다. '스쿼트 하나 할까?' 생각하면 하지 않게 된다. 다짐이 짐이 되어서다.

그때 생각한다.

'스쿼트 하나 하지 말자.'

'스쿼트 하나를 하지 말아야 할 이유가 무엇일까?'

이미 나는 스쿼트를 50개 하게 된다. 생각의 부정성이 일어나기도 전에, 사유의 피로가 먼저 들어서다. 생각이 주는 짐보다 생각하는 것 자체가 싫을 때도 많다. 그때는 '그냥 하자'가 된다. 이미 하나를 해버린다. 돌이 구른다.

명상도 마찬가지다. 일상이 피곤하고, 삶이 지칠 때 우리는 눈을 감는다. 머릿속을 가득 채운 근심과 걱정을 잊은 채 잠시 멍해지고 싶은 것이다. 그때 눈을 감은 김에 명상을 해보자. 시간이 날 때 명상해야지 생각하면 절대 하지 않게 된다.

눈이 감겼으니 호흡만 크게 3번 하면 된다. 눈 감고 3번 호흡하고, 그 호흡하는 자신을 관찰하는 게 명상이다. 명상은 STOP이다. 생각을 멈추고(Stop), 심호흡을 3번 하고(Three breathing), 나를 바라보고(Observe me), 미소 짓는 것(Positive expression)이다. 눈 감을 때 그냥 한 번 하면 된다. 그러면 일상이 명상이 된다.

반대로 살아보자. '하자'라는 생각 대신 '하지 말자'고 다짐하자. 그 다짐이 나를 움직이게 한다. 책은 몸으로 읽는 것이고, 운동은 명쾌한 시선을 위해 하는 것이다. 그리고 명상을 통해 나의 수호천사를 만날 때, 원하는 모든 것을 이룰 수 있다. 그 시작은 가볍게 하면 된다.

"그냥 편하게 하시면 돼요."

유튜브 채널 〈TV러셀〉의 황서진 대표의 말이었다. 유튜브 출연을 망설이던 나에게 그냥 툭 던진 한마디였다. 그렇게 가볍게 시작하면 된다. 그게 어렵다면 반대로 하면 된다.

"그냥 안 하시면 돼요."

그 부정성이 내 생각이 될 때, 내 마음에는 '해야 할 이유'들이 떠오른다. 그게 반대로 사는 삶이다. 부정성을 부정할 때, 삶은 긍정으로 펼쳐지게 된다. 부정적 생각에 부정성을 입혀라. 그러면 하게 된다. 그러면 읽게 되고, 움직이게 되고, 숨 쉬게 된다. 이 3가지가 변할 때 당신과 당신의 세상은 이미 변해 있다. 그리고 그 변화 속에서 오늘은 미래와 이어져 있다. 당신의 수호천사가 그 연결을 잡고 있다. 그러니 당신은 그 삶을 믿고 오늘을 즐기면 된다. 곧 펼쳐질 당신의 미래를 즐겨라. 그 길은 당신이 만들고 있다.

바다가 내게 가르쳐준 것들

바다는 늘 파도와 함께한다. 눈앞 백사장에 뿌려지는 파도부터, 먼 바다 지평선의 조용한 파도까지 그 흐름은 늘 바다에 있다. 파도는 바다의 한 모습이다. 물결을 치고, 바위를 가르며, 흰 거품 속에 사라지는 듯 보여도 파도는 늘 바다와 함께한다. 그리고 그 파도의 모습을 우리는 바다라 생각한다. 사람들이 보는 바다도, 화가가 그리는 바다도, 사진작가가 찍는 바다도 사실은 파도의 다양한 표현일 뿐이다.

파도는 바다의 일부분이다. 그것도 표면에서 일어나는 작은 움직임이다. 진정한 바다는 그 파도를 만드는 심연에 있다. 우리가 근접하지도 못하는 아주 깊은 곳에 파도의 본질이 존재한다. 그곳이 바다다. 파도는 바다의 '일'일 뿐이다.

세상 가장 깊은 바다는 마리아나 해구에 있다. 마리아나 해구는 태평양 서쪽에 있고 그 깊이는 11km 이상이다. 지상에서 가장 높은 에베레스트 산이 8.8km임을 감안하면 지구는 높은 게 아니라 깊은 곳임을 알게 된다. 그곳은 빛도 닿지 않으며, 압력은 1,100기압이 넘는다. 1기압의 압력을 견디며 사는 우리에게 심해 탐험이 얼마나 어렵고 위험한 일인지 알 수 있다.

인간이 아폴로 11호를 타고 높은 달에는 도착했지만, 깊은 심해에는 도착하지 못했다. 그 모습을 직접 본 사람은 아직 없다. 늘 우리와 가까이하기에 바다를 모르는 사람은 없지만, 바다를 제대로 아는 사람은 아직 없다. 그만큼 바다는 미지의 세상이고, 탐구의 대상이다. 우리가 아는 바다는 파도가 일렁이는 얕은 바다에 국한된다. 심연의 바다는 그 모습을 숨기고 있다.

우리 눈으로 비치는 그곳은 단순하다. 스케치북에 뿌린 검정색 물감, 빛이 사라진 그곳이 바다의 모습일 것이다. 빛이 들지 않는 어둠의 세상, 하지만 그 속에는 우리에게 보이지 않는 생명체가 살고 있다. 빛도 들지 않고 엄청난 압력이 짓누르는 공간, 그곳에서도 바다는 생명을 품어 안고 있다. 그 살아 있는 생명의 향연, 무한한 가능성의 씨앗, 생명이 탄생하고 죽음을 받아들이는 그곳, 바다는 나와 당신의 무의식을 닮아 있다.

바다에 내맡길 때 헤엄칠 수 있다

어린 시절 나는 바닷가 근처에 살았다. 내 기억에도 없는 네다섯, 그때는 백사장 바로 앞에 우리 집이 있었다. 지금은 유명한 관광 명소가 되었지만, 어린 시절 광안리 바닷가는 쓰레기와 깨진 병들이 굴러다니는 그저 그런 곳이었다. 그곳은 나의 놀이터이자 일터였다.

나는 거기서 수영을 하고, 모래성을 쌓았다. 씨름도 하고 술래잡기도 했다. 그러면서 물고기도 낚고, 작은 게도 잡았다. 그것들을 모아 근처 식당에 팔았다. 하루 종일 잡은 걸 떡볶이 4개와 바꾸는 순간이었다. 그때 나는 경제를 배웠다. 떡볶이를 먹고 아이스크림을 입에 물고 집으로 돌아오는 길, 바다는 언제나 달빛을 머금은 채 반짝이고 있었다.

친구들과 백사장을 뛰놀다가 온몸이 땀에 젖을 때는 팬티 하나 입고 바다로 뛰어갔다. 그 흔한 튜브도 없이 구명조끼도 안 입고 파도를 맞이했다. 부서지는 파도를 헤치며 수영을 했다. 사실은 헤엄을 쳤다. 지금처럼 우아하게 수영을 한 게 아니다. 수경 쓰고, 입으로 호흡하며, 고개를 숙인 채로 하는 게 수영이다. 헤엄은 그렇게 하면 안 된다. 수영장에서 수영하듯이 헤엄치면 바다에서는 물에 빠지거나 물을 먹는다.

헤엄은 머리를 들고, 다가오는 파도를 관찰하며 해야 한다. 적당할 때 코나 입으로 숨을 쉬어야 한다. 바다 수영은 파도의 흐름을 읽고, 그 흐름에 몸을 맡긴 채 앞으로 나가야 한다. 파도에 저항하거나, 그 흐름을 거스르는 순간 몸은 가라앉고, 또 한 번 물을 먹는다. 나를 내려놓고 바다에 내맡길 때 헤엄칠 수 있다. 세상의 이치도 똑같다.

삶은 우연이고, 인생은 운이다. 내가 생각하고 계획을 세우고 노력도 하지만, 노력의 결과는 세상이 만들어낸다. 세상이 그 결과를 책임진다. 그리고 그 세상은 우리의 무의식이 만들고 있다. 내안에 가득한 무의식의 씨앗들, 그 관념들이 나와 세상과 현실을 만들고 있다.

바다에 오면 알 수 있다. 바다가 만들어내는 거대한 파도, 그 파도가 나의 세상이고, 나의 현실이다. 그 파도 위에서 수영하는 많은 사람이 보인다. 수영장에서 배운 대로, 접영을 하고 파도를 헤쳐나가는 멋진 남자가 보인다. 그 옆에서 수영하는 사람도 있다. 하지만 얼마 지나지 않아 파도는 그들을 받아주지 않는다. 이내 물을 먹고 수영을 포기한다.

그들을 바라보며 젊은 시절의 내가 떠오른다. 열심히 노력했지만 조금도 나아가지 못했던 20대의 나에게 꼭 말해주고 싶다.

'너를 믿지 말고 세상에 맡겨봐. 바다는 수영하는 게 아니었잖아. 헤엄치는 거였어.'

쉬지 않고 흔들리는 바다를 통해 우리 삶을 통찰해본다. 늘 변하는 인생처럼 바다도 같은 모습을 보인 적이 없다. 하지만 그 모습은 파도의 모습일 뿐, 본질의 바다는 늘 고요하고 조용히 그 자리에 있었다. 우리 삶을 만드는 무의식처럼 바다는 무한한 가능성을 품은 채, 내 마음속에도 자리 잡고 있었다.

우리 마음속에는 바다가 있다. 우리의 70%가 물인 이유다. 우리는 몸이 아닌 물이다. 30%의 몸과 70%의 물이 섞여 있다면 우리는 몸인가, 물인가? 바다에서 시작한 물이 바람을 거쳐 대지로 내려와 우리 몸을 만들고 있다. 우리 몸이 세상인 이유다. 우리는 세상과 연결되어 있다. 지구의 70%가 물이라는 사실은 그래서 더욱 철학적이다.

얼마 전 바다를 보러 갔다. 출렁이는 파도에 갈 곳을 잃은 채 떠다니는 빈 페트병이 보였다. 목표를 잃은 채, 갈 곳 없이 떠도는 우리 시대 청춘을 닮았다. 하지만 나는 이제 안다. 그 흔들림 밑에는 언제나 그 흐름을 만드는 심연의 바다가 있다. 그 심연의 바다가 내 안에도 있다. 그 무의식이 만드는 나만의 세상, 그 바다를 바라본다. 일렁이는 파도 속, 무한한 가능성의 공간이 보인다. 그곳에 나의 미래가 보인다. 그렇게 나는 바다와 하나가 된다.

오늘이 미래의 걱정으로만 채워질 때

최근 발표한 KB경영연구소의 '2023 한국 반려동물 보고서'에 따르면 전국의 반려동물을 키우는 반려가구는 552만 가구, 인구 수로 따지면 1,262만 명에 달했다. 이미 반려인 천만 시대를 돌파한 셈이다. 이 같은 시대 흐름 속에서 '펫휴머니제이션'과 함께 인간과 공존하는 개들의 시대가 열리고 있다. 어딜 가나 반려견과 산책하는 모습을 볼 수가 있다. 내 주변에도 반 이상이 반려 가구다.

강아지를 자식이라 말하는 모습도 이젠 어색하지 않다. 자식처럼 안아주고, 잠도 같이 잔다. 밥도 같이 먹고, 용변도 치워준다. 먹을 것도 챙겨주며, 운동과 드라이브도 함께한다. 조만간 전 국민의 반려인 시대가 도래하지 않을까 생각해본다.

사실 우리의 인구 감소 속도를 보면 사람보다 개가 많아지는 시기도 얼마 남지 않았다. 사람이 개를 산책시키는 게 아니라 개들이 사람을 산책시키는 날도 머지않았다. 정말 개판인 시대가 곧 도래할 것 같다.

가끔 개를 보면 드는 생각이 있다. 개는 정말 행복해 보인다. 개는 먹고 싶을 때 먹고, 싸고 싶을 때 싸고, 자고 싶을 때 잔다. 밥 먹을 때 무엇보다 맛있게 먹고, 잠을 잘 때는 걱정 없이 자며, 싸고 싶을 때는 다리를 '척' 하니 들고 마음껏 싼다. 세상 부러운 존재다.

우리는 개처럼 살지 못한다. 개처럼 행복하게 하루를 보내지 못한다. 먹고 싸고 잘 때, 먹고 싸고 자지 못한다. 밥 먹을 때는 업무 생각을 하고, 스마트 폰 없이 화장실을 못 가며, 스트레스로 불면에 시달린다. 인간의 가장 기본적인 시간조차 온전히 보내지 못한다. 항상 고민과 불안에 시달린다. 일 생각에 밥맛이 없고, 스마트 폰이 없으면 변비에 시달리고, 수면제 없이 잠을 이루지 못하고 있다. 하지만 고민과 불안이 없다고 일에 집중하지도 않는다.

일할 때는 점심 메뉴를 생각하고, 스마트 폰을 보면서 TV를 시청한다. 업무를 마감하고 잠자리에 누워도 유튜브와 웹툰에 눈이 멀어 있다. 한순간도 그 순간을 충실히 보내지 않는다. 개처럼 온전하게 시간을 누리지 못한다.

지금 여기에 펼쳐진 나의 현실을 받아들이지 못하기 때문이다. 초라하고, 가진 것 없고, 볼품없는 여기를 받아들이기 싫어서다. 현재를 허용할 용기가 없다. 그래서 지금의 현실을 희생한다. 오늘을 희생해서라도 내일은 반짝이는 하루가 되길 바란다.

하지만 일상은 반복되고 내일은 또다시 초라한 오늘로 다가온다. 왜 이런 나날이 반복될까? 왜 우린 열심히 살지만, 행복한 미래는 오지 않을까? 왜 편안한 오늘을 보내지 못할까? 우리의 운명 때문이다. 인간이 가지는 원초적 감각, 본질적 부정성, 바로 무의식의 '두려움' 때문이다.

인간의 본질인 두려움은 나의 밥 시간도, 화장실 시간도, 잠자리 시간도 가져가 버린다. 온전히 그 시간을 허용하지 못하게 한다. 이곳의 시간을 저곳의 시간으로 채워놓는다. 현재의 온전함을 부족함으로 바꾸고, 나의 시간을 미래의 걱정으로 채운다. 지금 이대로 온전한 나를 미래의 불확실성에 옮겨 놓는다. 그래서 우리는 늘 불안한 것이다. 늘 부족해 보이는 이유다.

불안과 결핍이 반복되어 일상을 두렵게 만든다. 두려움의 본질이 항상 오늘을 표현하고 있다. 그래서 우리는 늘 두렵다. 두려움이 반복되고 있다. 그 두려움을 '열심히'로 덮으려 한다. 그래서 하루를 열심히 사는 것이다. '열심히'라는 포장지로 '두려움'의 마음을 덮는다. 하지만 열심히 산 오늘의 선물, 포장지 속 미래는 어떠한가? 여전히 불안한 미래만 남을 뿐이다.

숙제하는 삶이 아닌 축제 같은 삶

나는 요즈음 개처럼 산다. 기쁠 때 기뻐하고, 슬플 때 운다. 즐거울 때 실컷 웃고, 우울할 때 완전히 우울해진다. 누군가 미워질 때 한없이 미워해 보고, 누군가 좋아질 때 원 없이 사랑해본다. 삶의 허무감이 밀려올 때 그 허무감에 빠져보고, 인생의 무력감이 느껴지면 무력해본다. 밥 먹을 때 이보다 맛있는 게 있을까 할 정도로 감탄하며 먹고, 술 마실 때는 늘 취한다. 잠잘 때는 꿀잠을 자고, 일할 때는 미친 듯이 일한다. 개처럼 충실한 하루를 보내려 한다. 지금 이 순간을 충실히 보내는 것이 오늘을 허용하는 것임을 알기 때문이다.

시간이 존재한다면, 시간은 과거, 현재, 미래로 흐른다. 과거는 원인이 되고, 현재는 과정이며, 미래는 결과로 펼쳐진다. 원인이 있어야 결과가 있으며, 과정은 원인과 결과를 잇고 있다. 과정은 결과의 필요충분조건이며, 과정을 허용할 때 결과를 허용할 수 있다. 오늘의 과정이 내일의 결과를 만드는 것이다. 그리고 내일의 결과는 모레를 위한 과정이 된다. 우리 삶의 모습이다. 늘 과정이라는 쳇바퀴를 다람쥐처럼 돌리는 게 우리 인생이다. 생은 늘 과정으로만 존재하기 때문이다. 그렇다면 하나의 결론에 도달하게 된다.

우리는 과정에 충실하면 된다. 지금 여기만 즐겁게 보내면 그만이다. 그냥 오늘 하루 온전히 즐기며, 충실히 살면 된다. '열심히'는 내일을 향하지만, '충실히'는 오늘을 만들기 때문이다. 미래를 위해 애쓰는 삶이 아닌 오늘을 위해 즐기는 삶, 숙제하는 삶이 아닌 축제 같은 삶. 그것이 우리의 인생의 목적이다. 지구별 여행은 그렇게 즐기다 가는 것이다. 개의 특권을 누릴 수 있는 최고의 방법이다. 우리 개처럼 살자.

행복해지려 하지 말고 그냥 행복하자

2023년, 마지막을 알리는 겨울 눈이 세상을 덮고 있었다. 아침에 일어나 산책을 했다. 아침 햇살이 하얀 어둠을 비추기 시작했다. 마치 나의 무의식이 온 우주를 비추어 세상을 드러내는 기분이었다. 하얀 포메라니안 한 마리가 내 앞을 지나간다. 뽀송뽀송한 털 사이로 온기가 비집고 나온다. 그 온기에 마음마저 따뜻해진다.

사람이 과연 개보다 나을까? 우리가 개보다 자유로운 삶을 살고 있을까? 개보다 즐겁고 행복한 인생을 살고 있을까? 생각하고, 언어를 쓰고, 장비를 구하고, 따뜻한 집에 살지만, 우리는 늘 두려움에 갇혀 있다. 늘 행복을 추구하고 있다. 불행하기 때문이다. 추구의 전제는 결핍이다. 행복하지 않기에 우리는 행복해지려 한다. 이제 그만하자.

행복해지려 하지 말고 그냥 행복하자. 그냥 행복하면 된다. 무엇을 가져야만, 어디를 가야만, 어떤 위치에 있어야만 행복한 것이 아니다. 그냥 행복하면 된다. 무수히 많은 조건이 행복의 본질이 아니다. 조건에 의존한 행복은 조건이 있어야만 행복하다. 조건이 사라지면 불행해진다. 그 조건, 판단, 생각을 내려놓고 그냥 행복하자. 그러면 행복해진다. 조건의 충족은 충족감을 주지 만족감을 주지 못한다. 충족감은 또 다른 욕망의 결핍감이기 때문이다.

우리는 늘 욕망하고 행복을 찾기 위해 노력한다. 하지만 욕망을 충족하고 행복할 수 있는 곳은 없다. 단 한 곳, 그곳은 죽음 뒤에 있음을 언젠가 알게 될 것이다. 그 깨달음을 인생 후반에 놓지 마라. 지금 행복하면 된다. 깨달음은 인생 전반에 있을 때 지혜가 된다. 후반전의 깨달음은 지혜가 아닌 후회다.

수영을 배우기 시작했는데, 3개월을 애써도 몸이 물에 뜨지 않았다. 발차기를 하고, 손동작을 해도 몸은 금방 물에 가라앉았다.

그때 강사님이 했던 이야기다.

"회원님, 가만히 있어 보세요. 그러면 몸이 떠요."

"선생님, 저는 가만히 있으려고 해요. 그런데도 계속 몸이 가라 앉아요."

그때 선생님이 한마디 더 하셨다.

"하영님, 가만히 있으려고 하지 말고, 가만히 있어 보세요."

즐거워지려고 하지 말고, 즐겁게 살자. 행복해지려 하지 말고 우리 그냥 행복하자. 충족하려 하지 말고 만족하는 하루를 보내자. 먹고 자고 싸고 웃고 행복하자. 별것 아니다. 근데 원래 별것 아닌 게 인생의 전부다.

당신을 웃게 하는 추억들을 한번 돌이켜보자. 그 모습은 거창하고 화려한 무언가가 아닐 것이다. 일상의 사소한 기억, 소소한 추억이 우리를 웃게 한다. 인생은 뭐 그런 별것 아닌 행복으로 채워져 있다. 나도 마찬가지고 당신도 마찬가지다. 그러니 그냥 살자.

한 마리 개처럼 인생을 즐기며 살자. 온전하고 충실하고 즐겁게 하루를 보내자. 나는 이미 그렇게 하고 있다. 나도 이미 개다. 그러니 당신도 얼른 인간의 탈을 벗어 던졌으면 좋겠다. 서두에서 말하지 않았는가? 개판인 시대가 올 거라고. 같이 짖어보자, 왈왈왈!

어머니가 남겨주신
인생의 모든 지혜

3년 전, 어머니는 폐암 진단을 받으셨다. 자주 어지럽다는 말씀에 뇌 MRI를 찍으러 갔다. 판독은 며칠 걸릴 거라는 말에 외래를 잡고 병원 문을 나섰다.

"환자분, 잠시만요."

간호사의 다급한 목소리가 들려왔다.

"보호자 분이시죠? 교수님이 잠시 뵙자고 하는데요."

결과는 뇌 전이였다. 청천벽력 같았다. 뇌 전이, 이미 원발성 암이 뇌까지 퍼진 상태였다. 발견 당시 이미 말기 암이었다. 뇌로 퍼진 암의 시작은 바로 폐였다. 81년을 건강하게 사시던 어머니는 하루아침에 폐암 4기 환자가 되셨다. 눈앞이 캄캄했다. 새벽에는 성당에 다니시고 등산도 자주 다니시던 건강했던 어머니였다.

입원 마지막 날, 모든 검사를 마치고 어머니께 진단명을 말씀드려야 했다. 입이 떨어지지 않았다. 무슨 말로 시작해야 할지, 어떤 말로 마쳐야 할지 도무지 감이 오지 않았다. 차라리 담당 교수님께 부탁을 할까 생각을 하다가 아들이 아닌 의사로서 이야기하자고 마음먹었다. 그리고 차분히 지금까지의 검사 결과와 교수님의 소견, 그리고 나의 이야기를 전해드렸다. 눈에서 느껴지는 심장박동을 겨우 억누른 채 말을 마쳤다. 그때 어머니가 말씀하셨다.

"그럴 수 있다. 하영아, 그래라 그래. 난 개안타(괜찮아)."

항암제를 드시면서 건강한 모습으로 지내시던 어머니는 1년이 지난 시점부터 갑자기 병세가 악화되었다. 응급실을 오가던 어머니는 그해 어버이날을 나와 보내시고, 다음 날 심정지가 왔다. 그렇게 어머니는 나의 곁을 떠나갔다.

삶은 소모품이고, 인생은 렌탈이다. 우리에게 삶이란 일정 기간 즐기는 지구별 여행이다. 그 시간이 소모되면, 우리는 여행을 끝내고 원래의 자리로 돌아간다. 돌아가신 어머니도 그 자리로 돌아가신 것이다. 47년을 나와 함께 보내셨던 어머니, 어머니는 나에게 가장 오랜 기간 내 소유였다.

세상에 소유란 없다. 인생은 렌탈이다. 잠시 빌려 썼다가 제자리에 돌려놔야 한다. 내 소유라 생각하는 스마트폰도 2년 정도가 렌탈 기간이다. 2~3년 뒤에 그 폰은 나에게 없다. 자동차도 마찬가지다. 보통 5~10년 정도만 내 소유다. 그 이후에는 남의 소유다. 집도 마찬가지다. 10~20년 정도만 내 것이다. 내 집에 있는 모든 물건도 마찬가지다. 쓰지 않는 물건들의 유통기한은 이삿날이 대부분이다. 부모도 마찬가지다.

가족은 나와 가장 오랫동안 함께한다. 나의 부모, 나의 자식. 물론 그들이 나의 소유는 아니다. 하지만 혈연관계의 특수성은 부모가 돌아가실 때까지, 나와 자식은 죽는 날까지 함께한다. 가족관계의 소유는 그 어떤 기간보다 오래 유지된다. 47년간 '나의 어머니'는 나에게 그 기간만큼의 즐거움을 주시고 떠나갔다. 그리고 나에게 지혜를 남기셨다.

어머니가 돌아가시고 석 달을 슬픔에 빠져 있었다. 어떤 일을 해도 즐겁지 않았다. 술을 마셔도, 책을 봐도, 글을 써도, 운동을 해도, 돈을 벌어도 슬픔은 사라지지 않았다. 몰입과 집중과 사유와 명상도 소용이 없었다. 어떤 글을 봐도 부모의 죽음을 덮을 수 없었다. 하루를 끝내는 깊은 잠 속에서만 고요와 안정을 찾을 수 있었다.

석 달이 지나 꿈에서 엄마를 만났다. 늘 가시던 성당 앞에서 엄마를 만났다. 엄마는 밝게 웃으시며 나에게 손을 흔들었다. 그리고 말씀하셨다.

"왜 그리 우니, 하영아. 이제 됐다."

"엄마, 왜 엄마가 폐암에 걸리셨는지 도무지 이해가 안 됩니다. 늘 소녀처럼 착하게만 살아오셨는데, 정말 너무 억울합니다."

그러자 엄마는 말씀하셨다.

"그렇구나. 하영아, 그럴 수 있다. 난 개안타. 그래라 그래."

힘들 때 힘을 빼면 힘이 난다

살면서 힘든 일이 생기거나 어려움이 닥쳐올 때 엄마는 늘 말씀하셨다.

"그래 하영아, 그럴 수 있다. 그래라 그러고 우린 기도하자."

우리에게 닥친 고난과 역경, 시련과 아픔은 어머니에게 언제나 '그렇고 그런' 대상이었다. 어머니는 늘 그렇게 사셨다.

사실 알고 보면 사는 게 힘들고, 현실이 어려운 이유는 하나다. 생각의 늪에 빠져서다. 힘든 상황을 힘든 상황으로 여기는 내 생각이 나를 힘들게 한다. 그 생각이 꼬리에 꼬리를 물고 이어진다. 부정적 생각이 불안을 만들고, 그 불안이 두려움으로 이어진다. 생각 지옥이 펼쳐진다.

우리가 생각의 늪에서 벗어날 때, 각자가 처한 사건과 상황을 객관적으로 볼 수 있다. 그것을 인정할 수 있는 여유가 생긴다.

현실이 힘들 때는 생각에 힘을 빼야 한다. 그때 나타나는 미묘한 안도감이 있다. 힘든 나를 볼 수 있는 또 다른 시선 때문이다. 그 시선의 자리에 머무를 때 나는 내 인생을 바라보는 관객의 눈을 가질 수 있다. 그 눈을 통해 슬픔과 두려움, 불안과 공포, 불평과 불만을 느껴본다. 그리고 조용히 그 감정을 흘려보내 본다. 그 흐름 속에서 감정은 사라지고 생각은 잠잠해진다.

감정을 허용할 때, 그것은 흘러간다. 내가 생각을 잡지 않으면, 생각은 나에게 머무르지 않는다. 하지만 우리는 무승자박(無繩自縛)한다. 없는 포승줄을 내가 만들어 나 스스로를 묶는다. 눈에 보이지 않는 부정적 생각들을 내가 연결해서 나를 묶고 있다. 자신이 묶여 있을 때 내가 묶인 줄 모른다. 뒤에서 바라봐야 묶여 있는 포승줄이 보이고, 포승줄의 매듭이 보이게 된다.

어머니의 '3그'는 나에게 보물 같은 지혜다.

"그렇구나, 그럴 수 있다, 그래라 그래."

이 짧은 문장에 인생의 모든 지혜가 담겨 있다. 감정과 하나가 된 나를 바라보고, 그것을 인정하며, 포용하고 허용한다.

세상의 모든 감정은 그것을 느끼고 음미할 때, 몇 분 이상 지속되지 않는다. 원하는 대학의 합격 소식을 들었을 때, 혹은 원하는 직장에 붙었을 때, 사랑하는 그녀와 사귀기로 했을 때, 그 기쁨은 얼마나 지속했는가?

아마 길게 가지 않았을 것이다. 몇 분 지나지 않아 사라진다. 몇 초 만에 없어지기도 한다. 온전히 그 감정을 느끼고 음미했기 때문이다. 내가 원하는 가방, 시계, 차를 샀을 때도 마찬가지다. 얼마 지나지 않아 배가 고파지면 딴생각이 난다.

슬픔도 마찬가지다. 슬픔을 온전히 느낄 때 그것은 얼마 지나지 않아 사라진다. 오히려 슬픔에 저항하고, 슬픔을 느끼지 않으려 할 때 슬픔과 하나가 된다. 슬픔이 나를 묶어 버리기 때문이다.

저항하면 지속되고, 허용하면 흘러간다.

이게 어머니가 남겨주신 인생의 깨달음이다.

힘들 때 힘을 빼면 힘이 난다. 현실이 힘들 때는 생각의 힘을 빼고 그것들을 느껴보자. 그 시간 속에서 어느새 감정들은 흘러가고 나의 포승줄은 풀리게 된다.

힘들 때 '힘내라'라는 말은 잔인하다. 힘들 때는 '그럴 수 있음'을 알아야 한다. 그 슬픔과 괴로움이 나에게 나타났다, 나를 통해 흘러감을 알아야 한다. 그래서 슬픔은 바람과 같은 것이다. 그 바람을 거부하고 저항할 때, 바람은 태풍이 되어 나를 뒤덮을 것이다. 슬픔은 바람처럼 스쳐 지나간다. 문득 엄마의 목소리가 들린다.

"하영아, 바람은 잡는 것이 아니고 느끼는 거란다."

누구보다 빛나고 있을

당신을 응원한다.

알고 있는가?

당신도 이미 큰사람이다.

나는 나의 스무 살을 가장 존중한다

1판 1쇄 발행 2024년 2월 28일
1판 6쇄 발행 2024년 6월 10일

지은이 이하영
발행인 오영진 김진갑
발행처 토네이도미디어그룹(주)

책임편집 박수진
기획편집 유인경 박민희 박은화
디자인팀 안윤민 김현주 강재준
마케팅 박시현 박준서 김예은 김수연
경영지원 이혜선

출판등록 2006년 1월 11일 제313-2006-15호
주소 서울시 마포구 월드컵북로5가길 12 서교빌딩 2층
원고 투고 및 독자 문의 midnightbookstore@naver.com
전화 02-332-3310 팩스 02-332-7741
블로그 blog.naver.com/midnightbookstore
페이스북 www.facebook.com/tornadobook
인스타그램 @tornadobooks

ISBN 979-11-5851-285-9 (03190)